새로운 시선으로 바라보는

한국 근대사

새로운 시선으로 바라보는

한국 근대사

김이경 지음

실패를 넘어
자주적 독립 국가를
꿈꾼 민중의 역사

초록비책공방

대한민국이 OECD 가입국이며 G20에 속한다고 자랑이 대단하지만 갈수록 서민들의 한숨 소리는 커지고 직장을 구하는 청년들의 발길이 무겁다. K-POP으로 시작한 한류 열풍이 세계를 휩쓸면서 '대한민국=문화강국'으로 유명하고 우리의 마음과 정신은 민족적 자부심과 창조를 향한 열정으로 가득 차 있다.

먹고사는 문제가 우리의 삶을 옥죄는 고통이라면 과거 우리 민족을 짓밟고 수탈한 일본에 배상은커녕 사과조차 받지 못했다는 분노는 아직도 씻기지 않은 정치적 고통이다. 국민의 성금으로 만들어진 평화의 소녀상이 전국 144개 지역에 세워지는 것을 보면 일제 강점기의 아픔이 아직도 그대로 전해지고 있는 것 같다.

우리는 왜 일본에 나라를 빼앗겼을까? 케케묵은 봉건제 사회로 수백 년을 지탱해온 것은 우리나라나 일본이나 마찬가지인데 일본이 메이지 유신에 성공해 제국주의가 되었다면 왜 우리나라는 일본의 식민지가 되었을까?

'역사를 잊은 민족에게 미래는 없다'라고 했는데 과연 우리는 우리의 역사를 제대로 알고는 있을까? 역사를 제대로 알면 미래를 개척하는 데 힘을 준다고 하는데 우리 민족의 근대사가 현재의 문제를 해결하는 데 과연 도움이 될까?

예전에는 우리 근대사의 핵심 사건인 임오군란, 갑신정변, 갑오농민전쟁, 갑오개혁 등을 보면서 '이렇게 열심히 싸워봤자 결국은 패배하지 않았나?'라는 생각을 지우기 어려웠다. 그런데 작심하고 꼼꼼히 한국 근대사를 다시 공부하니 그 시대 민중들의 헌신적인 활동과 투쟁이 어떻게 계속 연결되었고 투쟁의 성과가 어떻게 계승 발전되었는지를 여실히 느낄 수 있었다.

각 영역에서 갈등과 한계도 있었지만 역사가 그 모든 것을 끌어안고 어떻게 전진하고 있는지 보이기 시작했다. 특히 반일 의병운동사를 보면서 우리 민족의 놀라운 투혼을 절감했다. 국가의 혜택이라고는 거의 받지 못한 민초들이 막상 나라가 위기에 처하자 목숨 바쳐 투쟁했다. 이런 민족은 세계 어디에도 없다는 생각이 들었다. 이런 민족이라면 아무리 어려워도 반드시 자신의 힘으로 민족의 자주권을 지켜내고야 말았겠다는 믿음마저 생겼다.

　의병운동이 지니고 있던 몇 가지 약점 때문에 결국 식민지로 전락하기는 했지만 이런 투혼 덕분에 일본은 우리 민족을 노예로 길들이는 것에 실패했다. 맨몸으로 뛰쳐나와 총을 들었던 의병들의 의기는 항일 무장 독립운동으로 계승되어 우리 민족의 힘으로 일본을 몰아내고 독립을 이룰 수 있었다.

　우리나라의 해방은 미국이 가져다주었다는 것은 사실이 아니다. 2차 세계 대전은 독일, 이탈리아, 일본으로 표현되는 파시즘과의 전쟁이었으며 식민지 나라의 민족 해방 투쟁은 파시즘을 반대하는 세계 모든 세력의 힘을 모아 진행되었다. 그 세력 속에는 사회주의 나라도 있었고 자본주의 나라도 있었으며 식민지의 민족 해방 투쟁도 있었다. 우리 민족도 그 전선에 독자적으로 합류해서 투쟁했다.

　이처럼 강대국의 입장이나 역사의 한 단면만을 바라보는 것이 아닌 한 나라의 역사를 다양한 시각으로 바라본다면 우리가 몰랐거나 오해하고 있었던 사실을 제대로 바라볼 수 있다.

이 책은 세계정세를 읽지 못하고 스스로의 안위만을 위해 서구 열강의 패권 다툼에 휩쓸리다가 결국 일본에 나라를 내어준 지배 층의 역사가 아니라 반봉건, 반외세 투쟁을 통해 우리 민족 스스로 가 주인이 되어 자주적 근대 국가를 이루고자 했던 민중 주도의 역 사야말로 한국 근대사의 진정한 모습이라는 점을 일깨워주고 있다.

김이경

차 례

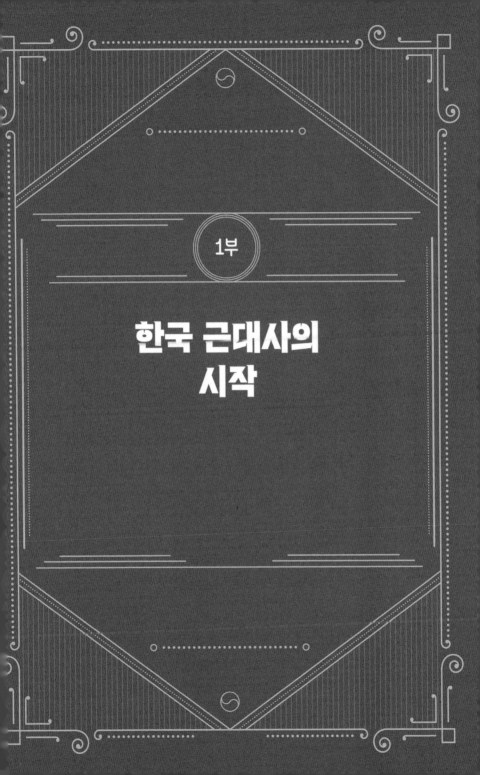

1부

한국 근대사의
시작

근대의 시작

21세기를 살아가는 우리에게 봉건이라는 말은 '깨이지 않은 삶' 또는 '갑갑함'이라는 의미로 다가온다. 서양의 봉건제가 '신이 지배하는 사회', '십자군 전쟁,' '장원과 토지에 얽매인 농노의 삶'이라면 우리나라의 봉건제는 '반상이 유별한 신분제적 질서', '공자왈 맹자왈', '족보와 가문'의 틀에 얽매여 개성과 자유가 사라진 사회 제도를 의미한다.

이처럼 어두웠던 봉건제를 넘어 어떻게 '개성', '자유', '합리'와 같은 말이 근대 사회의 시대적 가치가 되었을까? 세월이 흐르면 당연히 오는 변화인 것 같지만 역사란 계절이 바뀌듯 저절로 발전하는 것이 아니다. 공장이 들어서고 산업혁명 같은 변화도 있었지만 새로운 시대를 만들어온 사람들, 낡은 사고방식을 바꾸어

온 사람들의 투쟁이 없었다면 낡은 시대는 저절로 무너지지 않았을 것이다.

우리는 지금부터 봉건제를 극복하고 자본주의로 발돋움하던 근대에 대해 이야기하려고 한다. 특히 우리나라는 어떻게 근대를 거쳐 현대에 이르게 되었을까? 조선이 봉건제로 망하더니 일제 강점기 36년 동안 근대를 선물해주었고 해방의 은인 미국이 한반도에 들어와 현대를 선물해주었다? 이런 말에 거부감을 느끼면서도 막상 우리는 어떤 역사를 거쳐 지금에 이르게 되었는지, 또 우리에게 시대 구분은 어떤 의미가 있는지 선뜻 대답을 하지 못한다. 이제부터 그 답을 찾는 역사 여행을 떠나보도록 하겠다.

☯ 서양의 근대와 동양의 근대 ☯

근대란 중세와 현대 사이에 끼인 중간 시대를 말한다. 근대가 시작되면서 사람들은 토지에 얽매인 신분의 굴레를 벗고 도시를 만들고 공업의 시대를 열었다.

서구에서는 17세기부터 중세 봉건제가 허물어지고 근대가 시작되었다. 아시아 국가들은 어땠을까? 봉건제가 내리막길에 접어들고 자본주의적 경제 발전의 맹아가 시작될 무렵 중국과 우리나라는 서구 열강의 침략을 받아 자본주의 나라의 생산 구조에 강제 편입되었다. 공장과 기차가 들어섰지만 나라의 번영과 안정된 중산층(시민)의 형성이 아니라 대대수 민중의 궁핍과 황폐화를 유발하는 기형적인 경제가 정착되었다.

일부 학자들은 '식민지 나라들은 비록 정치적으로는 탄압받았지만 공업화가 이루어지고 근대가 시작되었다'라고 주장한다. 서구의 공업화는 번영과 직결되어 근대와 공업화가 같은 의미로 쓰이지만 아시아 나라에게는 공업화가 제국주의의 경제 수탈을 위해 기형적으로 이식된 것이어서 공업화가 식민지 나라의 경제 발전과 번영으로 이어지지 않았다. 오히려 제국주의의 수탈에 편승한 일부를 제외하고 사회 전체가 빈곤으로 직결되는 정반대의 현상이 초래되었으니 이를 똑같이 근대라고 말할 수 없다. 근대란 '공장의 숫자'가 아니라 중세 봉건제를 벗어나 '천부 인권, 자유, 경제 발전, 물질적 번영' 등과 결부시켜 총체적으로 보아야 한다.

☯ 자본주의 열강의 침입에 맞서며 시작된 조선의 근대화 ☯

우리나라도 17세기에 들어서면서 봉건적 질서가 서서히 무너지고 토지 거래와 상업, 수공업, 광산업 등을 통해 자본주의의 맹아가 싹트기 시작했다. 봉건적 질서가 무너짐에 따라 지배 계급이었던 양반이 몰락하고 신흥 돈주 그룹이 형성되었다. 시장이 발달하면서 상업 자본이 축적되고 산업 자본주의로 발전하려는 조짐도 일부 생겨났다.

또 17세기 후반에는 공리공담의 주자학을 벗어나 실생활에 도움이 되고 실사구시를 중시하는 실학이 발전하기 시작했다. 청나라를 통해 서양 문물이 소개되면서 발전된 문물을 배우고 받아들이려는 사람들이 나타났다.

경세치용학파 (농업 중시)	이용후생학파 (상공업 중시)	실사구시학파 (국학 중심)
유형원 《반계수록》	유수원 《우서》	안정복 《동사강목》
이익 《성호사설》	홍대용 《담헌연기》	신경준 《훈민정음운해》
정약용 《목민심서》 《경세유표》 《흠흠신서》	박지원 《열하일기》	유득공 《발해고》
	박제가 《북학의》	이종환 《택리지》
		김정희 《금석과안록》
	개화사상에 영향	김정호 《대동여지도》

그런데 조선이 자생적으로 자본주의 발전의 싹을 보이기 시작할 무렵 불행하게도 외세의 침략이 시작되었다. 17세기부터 해안에 출몰하던 서양 배들은 조선 침략의 전조였으나 본격적인 침략은 1866년 미국 함선의 대동강 침입부터였다.

1866년 제너럴셔먼호 사건은 미국에 의해 발생된 조선 침략의 서막이었다. 당시 미국은 남북전쟁을 끝낸 직후였는데 조선을 침

∘ 정약용(출처; 다산기념관)

략할 준비가 되었을까?

미국은 영국과의 전쟁을 끝낼 무렵인 1784년경부터 이미 중국과 왕성하게 면 거래를 하고 있었으며 아시아 시장 개척에 혈안이 되어있었다. 청나라에 대한 미국의 주요 수출품은 면이었는데 1784년 미국의 한 기업가가 벌어들인 순이익만 해도 4만 달러였다고 한다. 미국 독립 전까지 인도양을 돌아 중국과 무역하는 미국 상선만 15척 이상으로 네덜란드, 프랑스 등에 비해 압도적이었다.

대서양 항로의 먼 바닷길을 돌아가면서도 아시아 진출에 열을 올렸던 미국은 1848년 멕시코로부터 캘리포니아를 빼앗아 태평양을 끼고 앉은 후 태평양 연안 국가의 맹주로 떠올랐다. 중국 교역의 중요성은 이전보다 훨씬 커졌으며 미국은 아시아 침략을 본격화하기 시작했다. 미국이 태평양을 거쳐 중국으로 직행하는 항로를 개척하려면 증기선에 연료를 보급해줄 석탄 공급 기지가 절실했다. 당시의 증기선은 일주일을 사용할 정도의 석탄만 적재할 수 있었기 때문이다.

미국, 조선을 침략하다

미국이 아시아에 눈독을 들이기 시작한 것은 태평양 연안 국가를 꿈꾸던 1830년경부터였다. 1833년 미국 정부가 파견한 '아시아 특별원정대'는 일본과 조선에 관련된 보고서를 내고 1835년 '동인도 전대'를 구성했다. 1845년 2월에는 미 하원이 조선의 쇄국양이 정책에 대한 특별 조치를 만들자는 결의안을 제출했다.

이어 1848년 5월 미 하원은 중국에 대한 면 수출을 획기적으로 늘리기 위한 정책 방향을 내놓았다. 중국에 대한 면 수출이 영국을 능가하려면 태평양 항로 개설이 중요한데 태평양 횡단 기선 항로를 개척하려면 전략적 거점 중계 기지가 필요하므로 이틀 내에 상하이에 다다를 수 있는 조선과 일본의 개방이 중요하다는 내용이었다. 미국은 일본부터 개방시키기로 하고 1853년 동인도함대 페리를 일본에 보내 첫 포함 외교*를 개시했다.

1860년대 전반기에는 미국의 남북전쟁으로 아시아 공세가 잠시 지연되었다가 전쟁이 끝나자마자 아직 유럽의 마수가 뻗치지 않은 중국 북동부에 미국의 독점적 교역 기반을 구축하고자 계획을 세웠다. 그러기 위해서는 태평양을 건너 중국 북동부로 진출할 수 있는 미국의 육해군 기지가 절실히 필요했다.

이로써 조선은 단순한 교역 국가가 아니라 중국 진출을 위한 군사적 기지의 의미를 지니게 되었다. 이것이 1866년 제너럴셔먼호가 대동강에 들어와 포함 외교로 교역을 강요하게 된 배경이다.

☯ 미국의 침략을 물리친 조선, 제너럴셔먼호 사건 ☯

미국은 남북전쟁에서 악명을 떨쳤던 군함 제너럴셔먼호를 미군 장교 프레스톤의 개인 무역선으로 위장해 1866년 7월 7일 대동강 앞바다에 보냈다. 정체불명의 서양 배가 나타나자 조선 관리는 국적과 목적을 밝히라고 했다. 그러자 제너럴셔먼호 선장 프레스톤이 거드름을 피우며 말했다.

"우리는 다양한 나라의 서양 사람들이다. 평양 산천은 어떤가? 당신네 나라 보물이 어디에 많은가?"

---

* 대포를 장착한 증기선으로 약소국을 침입하여 강제 개항을 협박하는 외교

얼마 전 조선에서 프랑스 신부들이 순교한 것을 들먹이며 총을 흔들어대는 위협은 물론 공갈도 서슴지 않았다.

"종이, 쌀, 금, 인삼 같은 특산물을 서양 옷감, 유리그릇과 바꾸자! 장사한 다음에야 돌아가겠다. 누가 우리를 막겠는가! 평양으로 갈 것이다."

"부식이 떨어졌으니 내놓으라."

"군함 여덟 척이 조만간 한양 근처에 올 것이다. 우리는 중국도 제압할 수 있는데 조선 같은 작은 나라는 더 말할 것도 없다."

7월 18일에는 대동강 수심을 측량하려는 행위를 제재하는 관군을 납치하고 수행원들을 죽이는 만행을 벌였다. 납치된 관군을 돌려받기 위해 회담이 열렸지만 그들은 억지를 부리기 시작했다.

"평양성에 들여보내준 이후에 석방하겠다. 우리가 물러나는 조건으로 쌀 1,000석과 많은 양의 금, 은, 인삼 등을 내놓아라."

결국 회담은 결렬되었고 미국은 대포를 발사하며 무차별 사격을 시작했다. 그들은 제너럴셔먼호를 양각도 서쪽에 정박하고 어선을 납치했다. 그 과정에서 조선인 일곱 명이 죽고 다섯 명이 부상당했다. 다음 날 아침 격분을 이기지 못한 평양 사람들이 모여들었다. 이를 본 프레스톤 일당이 놀라서 허둥대는 사이 퇴역 군인 박춘권이 홀로 제너럴셔먼호에 올라가 억류되어있던 관군을 구출했다.

평양 사람들은 평안 감영의 구식 무기만 갖고서는 근대적인 군함을 쳐부수기에 역부족이라는 것을 깨닫고 이때까지 누구도 생각지 않은 획기적인 전법인 화공 전술을 제기했다. 7월 22일 화염에 쌓인 배 한 척이 다가오자 프레스톤 일당은 제너럴셔먼호 주위에 쇠 그물을 씌운 다음 뒤로 물러서기 시작했지만 썰물 상태이었고 여울에 걸려 이틀 후에나 간신히 빠져나왔다. 시험 삼아 해본 시도가 효과가 있다는 것을 알게 된 평양 사람들은 자신감이 생겼다.

제너럴셔먼호가 다시 여울목에 걸리자 나무를 실은 배들을 연결해 유황을 뿌린 다음 불을 붙여 보내면서 함성을 지르며 공격했다. 제너럴셔먼호에 불이 옮겨 붙어 허둥대는 사이 토마스와 중국인 조능봉이 생포되었고 그들은 성난 군중에게 뭇매를 맞아 처참하게 사망했다. 불길에 휩싸인 제너럴셔먼호는 대동강에 수장되어 흔적도 남지 않았다.

제너럴셔먼호 선원 스무 명은 한 명도 살아 돌아가지 못했다. 정부가 속수무책일 때 분연히 나선 평양 민중들의 투쟁에 대해 평안감사 박규수는《환재집》에 다음과 같이 썼다.

…성 안팎 군대와 백성들이 한결같이 격분한 마음을 품게 되었다. 명령이 없이도 모이고 북이 울리지 않아도 다투어 전진하며 탄환과 화살을 마구 쏘아 그 기세가 서로 어울려 죽음을 돌보지 않고, 위험을 무릅쓰면서 기어코 침략자를 쳐 없애고 말겠다고 나섰다. 곧 성의 방어를 맡고, 끝내 불배를 떠내려보내는 전술로 씨도 남지 않게 몽땅 격멸해버리었다. 이것은 모두 이들 군대와 백성들이 용감성을 발휘하고 정의에 불탄 데서 나온 것이며 처음부터 나의 지휘와 절제가 정확했기 때문은 아니다.

◦ 제너럴셔먼호를 격침시키기 위한 투쟁에 나선 평양성 민중들

화공 전술은 쉬운 듯 보이지만 거대 군함과 근대식 함포 무기에 짓눌리지 않고 싸우려는 생각 자체가 쉬운 일이 아니다. 1854년 일본이 페리 제독의 공포탄에 놀라 강제 개항을 한 것과 비교하면 조선 민중의 기세가 얼마나 대단한지 알 수 있다. 이 투쟁은 조선 민중에게 침략자와는 끝까지 싸워야 한다는 결심과 자신감을 높이는 계기가 되었다.

이 사건을 계기로 흥선대원군은 해안 방위를 강화하고 각 성곽과 보루를 보수 정비했으며 군사 통수 체계도 정비했다. 또 서양 상품의 밀수 행위를 금지하고 외세의 길잡이 역할을 하는 사람들을 적발 청산하는 조치도 강화했다. 제너럴셔먼호 대응 투쟁은 이렇게 조선이 일찍부터 열강의 식민지가 되는 것을 늦추고 계속되는 외세의 침략을 물리치기 위한 투쟁에 기여했다.

☯ 미국의 두 번째 조선 침략 작전 ☯

미국은 제너럴셔먼호의 행방을 보고조차 받을 수 없어 전전긍긍하며 다음 전략을 모색했다. 배의 행방을 직접 알아본다며 와츄세트호를 황해도 앞바다에 보내 닷새간 조선 해안 일대를 정탐한 후 다음 계획을 세웠다. 바로 남연군묘 도굴 계획이다. 당시 조선의 실권자였던 흥선대원군의 아버지 남연군의 무덤에서 유골을 꺼내 그를 미끼로 조선에 개항을 압박하자는 것이었다. 그들은 조선인에게는 조상 숭배의 풍습이 있으므로 흥선대원군 아버지의 유골을 손에 넣어 협박하면 개항 요구에 응할 것이라고 생각했다.

1868년 미국은 상하이에 있던 미국 총영사의 통역 젠킨스를 총책임자로 임명하고 조선에서 10년간 활동한 프랑스 신부 페론을 통역으로, 독일계 상인 오페르트까지 끌어들여 140여 명으로 구성된 도굴단을 만들고 선박 차이나호와 물품 일체를 보장해주었다.

이 사건은 '오페르트 도굴 사건'으로 알려졌지만 독일 상인은 만일을 대비해 부장품을 훔쳐서 팔려 했다는 위장용으로 끼워넣은 것일 뿐이다. 또 일개 통역사였던 젠킨스가 무슨 돈으로 선박의 주인이 되었다는 말인가? 미국이 도굴까지 했다는 오명이 드러날까 봐 위장한 것에 불과했다. 모든 제국주의 침략사가 파렴치한 음모로 점철되어있지만 아메리카 인디언 학살로 시작된 미국의 역사도 상상을 뛰어넘는 술책의 연속이다. 〈007 시리즈〉와 같은 영화에 나오는 CIA의 국제 첩보 공작은 유명하지만 아마도 그 효시쯤 되는 사건치고는 너무 치졸하다는 생각이 든다.

그런데 미국이 이 도굴단에 얼마나 큰 공을 들였는지는 도굴단보다 약간 먼저 대동강 앞바다로 보냈던 셰넌도어호 침입 사건을 통해 알 수 있다. 미국은 도굴단의 침입이 성공하려면 이목을 다른 곳에 집중시킬 필요가 있다고 생각했다. 즉 셰넌도어호가 소동을 벌여 대동강 일대의 이목을 집중시켰을 때 도굴을 강행하려는 계획이었다. 일종의 성동격서*인 셈인데 '무덤 도굴'을 위해 군함까지 동원한 파렴치한 전술이었다.

1868년 3월 18일 셰넌도어호를 타고 대동강과 가까운 오리포 앞바다에 미군 20여 명이 들어와 마을에서 닭, 돼지, 양 등을 약탈했다. 3월 21일 조선 관리가 검문하려고 하자 그들은 대포를 쏘면서 막은 후 다시 상륙해 마을 사람에게 한양까지의 거리, 알곡과 목화 산지 등을 물어보고 기독교 유인물을 던져놓고 돌아갔다.

3월 24일에는 강을 거슬러 정박했고 3월 25일에는 조선의 배를 오리포로 끌고 가서 대동강의 상태를 물어보았다. 3월 30일 조선 정부가 나가라고 하자 4월 8일에야 조금 뒤로 물러 비련도에 상륙하면서 '곧 대규모 무력 침략이 있을 것'이라는 위협 편지를 보내고 20여 일 동안 연안을 측량하는 등 시간을 끌다가 돌아갔다.

셰넌도어호가 시간을 끌며 세간의 이목을 집중시키고 있던 4월 18일, 680톤급의 차이나호를 타고 온 도굴단은 충청도 예산군 구

---

*   동쪽에서 소란을 피우고 서쪽을 공격하는 군사 전술

만포에 상륙해 남연군의 무덤으로 쳐들어갔다. 그들은 호미와 괭이를 들고 막으려는 사람들을 총칼로 제압하고 무덤을 파헤치기 시작해 다음 날 새벽이 되어서야 겨우 무덤 한 귀퉁이를 무너뜨릴 수 있었으나 썰물 때가 된 데다가 조선군이 몰려오면 생명을 지키기 어렵다는 생각에 도굴을 포기했다.

도굴 실패의 분풀이로 그들은 4~5호 정도가 옹기종기 모여 있는 후포마을에 들어가 보이는 대로 약탈한 후 4월 22일 영종도 앞바다에서 프러시아 수군 제독의 이름으로 흥선대원군에게 협박장을 보냈다. 이에 영종첨사는 다음과 같은 답장을 보냈다.

> 귀국과 서로 연계도 없었고, 또 서로 은혜를 입었거나 원수진 일도 없었다. … 인간의 도리로서 차마 할 수 있는 일이겠는가? … 몰래 침입하여 소동을 일으키고 무기를 빼앗고 백성들의 재물을 강탈한 것도 … 우리나라 신하와 백성들은 다만 있는 힘을 다하여 한마음으로 귀국과는 한 하늘을 이고 살 수 없다는 것을 다짐할 … 몇 달 뒤에 설사 싸움배가 온다고 하더라도 … 방비할 대책이 있다. … 이제부터 표류해오는 서양 각국의 배에 대해서는 … 도리로 대우하지 않을 것이니 …

이 사건이 국제 사회에 알려지자 세계는 미국의 파렴치한 엽기 행각에 혀를 내둘렀다. 미국을 아름다운 우방으로 알고 있는 사람이 많았지만 침략을 위해서라면 어떤 도발도 마다하지 않는 본성

° 남연군묘 도굴 모습   ° 충청도 덕산의 남연군묘

이 적나라하게 드러나는 사건이었다.

☯ 미국을 물리친 최초의 나라 ☯

남연군묘 도굴이 실패하자 협박으로는 통하지 않겠다고 생각
한 미국은 본격적인 조미전쟁을 준비하기 시작했다. 도굴 실패 3년
후인 1871년에 '신미양요'가 일어났지만 우리 역사에는 이 사건에
대한 공식 평가가 없다. 일부에서는 '미국 배가 길을 잘못 들어 강
화도에 들어왔다가 손돌목 군사들이 포를 쏘자 즉자적으로 보복
한 것이며 원래 침략 의도가 없었기 때문에 돌아갔다고밖에 설명
할 수 없다'라는 주장이 있는데 이는 신미양요에 대해 제대로 알지
못하기 때문에 나오는 견해이다.

미국의 공식 역사서에서는 신미양요를 'United States-Korea
War of 1871(1871년 조미전쟁)'이라고 부르고 있다. 신미양요는 우

발적인 사건이 아니라 미국이 국가적으로 벌인 전쟁이라는 점을 보여주는 자료이다.

도굴 사건 실패 직후인 1868년 8월 청나라와 일본에 주재하던 미국공사와 청나라에 있던 미국 로완 제독이 모였다. 이들은 조선에 대한 무력 개입이 불가피하며 이를 위해서는 미 해군 차원의 협조가 필요하다고 건의서를 올렸다. 이에 따라 미국 정부는 1869년 콜로라도호, 알래스카호, 베니치아호, 팔로스호, 모노캐시호를 조선에 보내기로 결정했다. 이는 당시 미국이 파견할 수 있는 최대 숫자의 함대였다. 미국은 무력 침공을 감행하기 전 청나라를 통해 조선에 최후통첩을 전달했다. 미국이 침략하리라는 정보를 들은 조선은 정면 대응의 의지를 담은 답변서를 보냈다.

제너럴셔먼호가 수장된 것은 우리나라 사람들을 학대하였기 때문이다. 우리나라는 외국 배가 조난을 하게 되면 필요한 물품을 내주고, 순풍이 불 때를 기다려 돌려보내거나 … 배가 파손되었으면 육로로 호송해주기 때문에 새삼스럽게 따로 협정을 체결할 필요가 없다. … 우리는 쌀과 천이 넉넉지 못하여 … 다른 나라와 유통하여 … 고갈시킨다면 조그마한 강토는 위기에 빠질 것이다. … 다시 함부로 멸시하고 학대한다면 방어하고 소멸해 버릴 것이다.'
–《일성록》고종 신미년

1871년 초부터 미 해군은 80여 문의 각종 포로 장비된 다섯 척의 군함에 1,230명의 미군을 태우고 나가사키에 집결한 후 '한양으로!'라는 깃발을 달고 4월 3일 아산만 풍도 앞에 도착했다. 4월 14일에는 한강 진입이 가능한 모노캐시호를 비롯한 몇몇 함정이 측량을 핑계로 강으로 들어와 시간을 끌며 서서히 강을 거슬러 강화도 근처 손돌목까지 들어왔다.

당시 손돌목은 한강을 통해 한양으로 들어오는 관문이었고 우리나라 배도 통행증이 없으면 통과시키지 않을 정도로 전략적 요충지였다. 그런 곳에 외국 배가 허가도 없이 쳐들어왔으니 군사적 대응을 할 것은 뻔했다. 미국의 함정도 이를 잘 알고 있었다. 그들은 일부러 조선군의 사격을 유도해 군사 공격의 명분을 찾으려고 도발을 벌인 것이었다.

손돌목에 미국 함선들이 나타나자 광성진, 덕진진, 덕포진의 수비병들이 일제히 포 사격을 시작했다. 그 포 사격으로 미국의 모노캐시호가 격침당하자 미군은 4월 23일 일제히 강화도 공격을 개시했다. 한 부대는 두 시간 이상의 함포 사격으로 초지진을 파괴하여 상륙한 후 다음 날 아침 덕진 포대를 점령하고 산줄기를 따라 광성진 포대로 진격했으며 다른 한 부대는 광성진 서남쪽을 공격했다.

조선군의 항전 의지는 대단했다. 광성진 군사 70여 명은 몸이 새카맣게 타고 포탄에 맞아 산산조각이 난 동료의 시신을 보면서도 도망가지 않고 버텼다. 포격이 끝나고 살벌한 백병전이 벌어졌으나 총에 맞아 쓰러지면서도 전투를 포기하지 않았다. 미군의 눈을

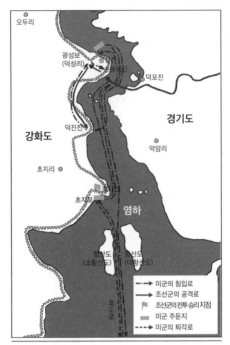

○ 미군의 침입 경로

○ 미군에게 점령당한 덕진진(1871년 6월 2일)

멀게 하려고 흙을 집어 얼굴에 뿌리며 한 치 한 치 땅을 지켜 싸웠다. 많은 전투를 치러온 미국이었지만 구식 무기를 들고 나라를 위해 이렇게 결사적으로 맞서는 민족은 처음 보았을 것이다.

어재연*과 조선군은 거의 모두 전사했고 살아남은 병사들도 자결하거나 바다로 투신해 목숨을 끊었다. 이 전투에서 조선은 수십 명의 사상자를 냈으나 겁을 먹은 것은 오히려 미군이었다. 신식 포탄과 대포 몇 발이면 항복할 줄 알았는데 목숨을 내놓는 조선군의 방어에 어찌할 바를 몰랐다.

4월 24일 밤, 초지진을 내주고 잠시 물러섰던 첨사 이임은 기습적으로 미군을 공격해 많은 사상자를 냈다. 미군은 조선군의 결사항전의 투지와 야간 기습에 깜짝 놀랐다. 첫 전투부터 이렇게 치열한데 겨우 1,000여 명의 병력으로 한양까지 진출한다는 것은 도저히 불가능하다고 생각했다. 미군은 '한양 공격은 꿈에도 생각할 수 없는 것'으로 결론 내렸다. 다음 날 아침 미군은 작약도 앞바다로 철수했다.

"남북전쟁 때도 그렇게 짧은 시간에 그렇게 많은 포화와 총알이 쏟아진 적은 없었다."

– 블레이크 중령

---

*   한말의 무장(1823~1871). 자는 성우(性于). 병인양요 때 우선봉으로 광성진을 수비하고, 신미양요 때 광성진을 수비하던 중 전사했다.

◦ 광성진전투

◦ 미군에게 빼앗긴 수(帥)자가 쓰여진 조선군 사령관기

"동양에서 미 해군의 위신을 손상시키고 외교의 실책을 폭로한 최고의 사건이다."

– 미 국무장관 포스터

4월 25일 흥선대원군은 각 지방에 '서양 오랑캐들이 침범하니 싸우지 않으면 화친하는 것이요. 화친을 주장하는 것은 나라를 파는 것이다'라는 내용의 척화비를 세우도록 했다. 결국 미국은 5월 16일 조선에서 완전히 철수했다. 이는 1853년 불과 네 척의 전함과 300명의 병력을 이끈 페리에게 별다른 저항 한 번 없이 항복한 일본의 굴욕적 자세와는 극명히 대조되는 모습이었다.

미국은 왜 물러났을까? 당시 다섯 척의 군함은 미 해군이 동원할 수 있는 최대 전력이었다. 하지만 그 정도의 병력으로는 목숨을 내놓고 달려드는 조선군과 백병전을 벌이면서 한강을 거쳐 한양까지 쳐들어가는 것은 꿈도 꿀 수 없었다. 그들은 전투에서는 이겼지만 아무것도 얻지 못했고 계속 싸워봤자 목숨만 위태로울 뿐 얻을 수 있는 것이 없음을 깨달았다.

미군은 제너럴셔먼호에 대한 진상 조사는 물론 개항도, 수교도 달성하지 못한 채 빈손으로 돌아갔다. 얻어간 것이라고는 '수(帥)' 자가 적힌 조선 군대의 깃발이 전부였다. 1871년 조미전쟁은 미국이 최초로 패배한 역사적인 사건이었다. 미국 최초의 패전이 베트남전쟁(1963~1969)이라고 알려졌지만 역사상 미국을 처음으로 몰아낸 것은 바로 조선이었다.

조선 침략을 둘러싼 미국과 일본의 공모

1871년 미국은 일단 물러갔지만 중국 북동부 진출을 포기할 수 없는 만큼 조선도 절대로 포기할 수 없었다. 포함 외교, 무덤 도굴, 전면전이 모두 실패했으니 어떤 방법을 생각해냈을까? 그것은 일본과 공모하는 전략이었다. 미국은 일본은 조선과는 달라서 큰 나라에 붙어 살길을 찾으려는 습성이 있다고 판단했다. 그런데 그 무렵 일본도 미국과 같은 생각을 하고 있었다.

먼저 꼬리를 흔든 것은 일본이었다. 일본은 만약 자국이 미국의 아시아 침략 길잡이 역할을 할 수만 있다면 조선 침략 야심도 달성할 수 있고 그 과정에서 떡고물이 떨어질 것으로 예상했다. 그래서 신미양요에서 미국이 실패하고 물러가자 앞으로 대조선 정책이 어떻게 돌아가는지 알아보려고 혈안이 되었다.

당시 일본은 메이지 유신이 성공한 지 얼마 되지 않아 내부 개혁에도 정신이 없을 때였다. 그런데도 굳이 조선 침략을 해야겠다고 판단한 이유는 무엇이었을까?

일본은 정상적인 자본주의 발전의 길을 걸은 나라가 아니다. 봉건적인 모순과 억압이 쌓이고 쌓인 사무라이 국가였던 일본은 미 해군 제독 페리의 침략으로 졸지에 자본주의 강국들과 억지 통상을 맺어야 했다. 서구 열강과의 불평등 교역의 피해가 없을 리 없었다. 농민의 삶은 더욱 피폐해지고 사회적 갈등도 증폭되었다.

막부 타도와 번* 폐지를 내걸고 중앙 집권적인 천황제 국가를 수립한 메이지 유신 이후에도 일본은 경제적 어려움을 벗어날 방법이 없었다. 서구 열강과의 불평등 조약 이후 10년 동안 미국의 대일 수출액은 59배, 수입액은 13.7배였으니 얼마나 혹독한 수탈이 이루어졌는지 짐작할 만하다.

또 메이지 유신 이전의 막부 체제에서 득을 보았던 사무라이 계급이 중앙 집권적인 통치 체제에 불만이 없을 리 없었다. 사무라이들의 불만과 경제적 어려움을 해소하기 위해서 일본은 임진왜란처럼 조선 침략에서 길을 찾고자 했다.

보통 서구 열강은 자본주의적 발전의 길을 가면서 제국주의로 바뀌지만 정상적인 자본주의로의 진입이 처음부터 불가능했던 일본은 군국주의 체제를 통해 국가 주도의 자본주의 발전의 길을 모

---

* 강고한 지방 할거주의

색했다. 군국주의란 국가, 사회, 생활의 모든 분야를 군사화하고 침략 전쟁을 위한 군사력 증강에 복종시키는 체제이며 내부 문제의 출로를 침략 전쟁에서 찾는 호전적인 정책이다.

그렇지만 한 국가를 침략해 제압하는 것은 당시 일본의 군사력으로는 불가능했다. 이것이 바로 일본이 자신의 살길을 미국과의 공모로부터 찾으려는 이유였다. 조선 침략을 둘러싼 미국과 일본의 공모는 1871년 조미전쟁 이후 본격화되었다. 단독으로 조선을 굴복시킬 수 없다는 것을 깨달은 미국과, 큰 나라를 등에 업어야 조선 침략에 나설 수 있음을 간파한 일본이 같은 목표를 위해 손을 잡은 것이다.

1871년 겨울, 미국과 일본의 공조는 일본 이와쿠라 사절단의 방미에서부터 시작되었다. 일본 대표단의 미국 방문 목표는 미일 불평등 조약 개정과 근대화를 위한 시찰이 표면적인 이유였지만 실제 속셈은 조미전쟁 이후 미국의 조선 정책을 확인하려는 의도가 강했다. 미국이 다시 조선과 직접 전쟁을 할 것인지가 초미의 관심사였다.

그들은 미국에 도착하자마자 워싱턴으로 가는 기차 안에서부터 미국이 자국의 군대로는 조선을 침략할 엄두조차 내지 못하고 있다는 것을 알고서 쾌재를 불렀다. 일본 사절단 대표 이와쿠라는 미 국무장관과의 회담에서 '일본이 미국의 조선과 아시아에 대한 문호 개방에 적극적으로 협력한다면 일본과 맺은 조약 개정에 응할 것'이라는 약속을 받아냈다.

º 이와쿠라 사절단(오른쪽 두 번째 이토 히로부미)

  이때부터 미국은 일본을 내세워 조선 침략의 길을 닦게 하려고
전쟁 준비를 적극 도왔다. 1871년 일본 외무성 고문으로 스미스
를, 법무성 고문으로 하우스를 보냈다가 1872년 퇴역 장성 리젠
드르로 외무성 고문을 바꾸었다. 리젠드르는 고문이 되자마자 이
렇게 떠들었다.

  "일본은 곧 조선을 점령하고 요동 지방을 제압하며 대만을 점
령하고 중국을 제압해야 한다. 중국을 반달형으로 둘러싸면 러시
아의 동방 진출을 막을 수 있다."

  1873년 일본 해군성이 생길 때 군함은 철함 두 척, 나무함과 철
을 섞어 만든 함선 한 척, 기타 목조 함정 등 겨우 열일곱 척에 지
나지 않았다. 일본이 독자적으로 조선 침략을 감행하는 것은 불가

능한 상황이었다. 이러한 일본의 사정을 파악한 미국은 조선 침략을 위해 세 척의 군함과 8,000만여 발의 탄약을 넘겨주었다. 그리고 1875년 운요호 사건을 조작 날조하면서 일본의 본격적인 조선 침략이 시작되었다.

일본, 본격적으로
조선을 침략하다

☾ 일본과의 전면전을 두려워한 청 ☾

1872년부터 일본은 조선 침략을 위해 미국이 자신들에게 쓴 방법부터 흉내 내기 시작했다. 1872년 8월 일본 군함 두 척이 들어와 부산의 초량왜관을 제멋대로 접수했다. 왜관은 이전까지 조선이 운영비를 감당하며 일본인의 편의를 봐주던 조일 간의 교역 장소였다. 일본의 의도는 군함 두 척을 앞세운 군사적 시위로 조선을 굴복시키려 한 것이었지만 흥선대원군 시절에 통할 리가 없었다. 정부가 왜관에 대한 물자 공급을 중지하자 일본은 어쩔 수 없이 철수했다.

1873년 11월, 흥선대원군이 쫓겨나고 민비가 집권하자 일본에

◦ 이홍장

대한 조선의 대응이 달라졌다. 청나라가 고종에게 일본의 요구대로 개항해주라고 압력을 넣었기 때문이다. 청나라가 조선에서 일본의 영향력이 강화되는 것을 좋아할 리 없을 텐데 무슨 일이 있었던 걸까?

1874년 5월, 일본이 대만을 침공해 청의 영향력 아래 있던 류큐(오키나와)가 일본으로 넘어갔다. 동양의 종주국임을 자처했던 청으로서는 체면을 완전히 구긴 셈이었다. 그 무렵 일본이 곧 조선을 침략할 것이라는 소문이 파다했다. 만일 조일 간 전쟁이 벌어지면 청나라의 입장은 더 난처해질 것이었다. 조선을 도와야 하지만 그럴 의지와 능력이 없는 청의 체면은 바닥에 떨어지게 될 것이며 장차 일본과의 전면전도 피할 수 없을지 모른다 것이 청의 속내였다. 청나라 이홍장은 우선 조일전쟁을 막고 보자는 계산으로 고종에게 밀서를 보냈다.

지금 나가사키에는 5,000명의 일본 군대가 주둔하고 있는데 대만에 출병하였던 군대가 돌아오면 일본의 침략 예봉이 조선으로 돌려질 것이다. 프랑스와 미국은 병선으로 일본을 원조할 것이니 조선은 세 나라를 대항해내지 못할 것이다. 조선 국왕은 깊이 생각하여 처리하는 것이 좋겠다.

이 편지를 보고 고종과 민비가 두려움에 떠는 것은 당연했다. 대국이라고 여겼던 청나라마저 일본 뒤에 버티고 선 서구 열강을 두려워한다고 생각했기 때문이다. 청의 속셈에 대해서는 곰곰이 따져보지 않고 일본과 전쟁하지 않으려면 그들의 요구를 하루빨리 들어주어야 한다고 생각했을 뿐이다.

◑ 민비의 이익만을 앞세운 조일 통상 조약 ◐

고종이 청의 충고에 따라 일본과 통상 조약을 체결하려고 생각한 순간 민비는 자기 이익부터 챙겼다. 흥선대원군을 몰아내고 정권을 잡기는 했지만 조정 내 흥선대원군의 영향력이 강하게 남아 있었기 때문이다. 민비는 여덟 살이던 후궁의 아들 완화군이 세자가 될지도 모른다는 생각에 청의 힘을 빌려서라도 세자 책봉을 하루빨리 매듭지으려고 했다.

1874년 민비는 청나라에 세자 책봉을 도와달라며 100만 금의 뇌물을 바쳤다. 또 이유원을 부산왜관에 밀사로 보내 일본이 청나라에 세자 책봉을 교섭해준다면 통상조약을 체결할 것이라고 귀띔해주었다. 이렇듯 원칙 없는 통상 조약 체결이 조선을 식민지로 떨어뜨리는 초기 문턱이었음을 그녀는 알기나 했을까?

그해 7월, 민비는 부산왜관과의 통역을 담당한 말단 관리에게 조일 관계 파탄의 책임을 씌우고 목을 잘라 왜관 앞에 매달았다.

또 금위대장 조영하는 왜관까지 직접 찾아가 일본에 비밀 문서를 전달했다.

조일 외교의 잘못은 조선 정부에 있으므로 앞으로의 관계 개선을 위해 정부는 모든 노력을 아끼지 않겠다.

그러자 일본은 고종을 일본 천황의 신하로 취급했고 모욕해도 조선이 반발하지 않을 것이라는 생각에 더욱 무례하게 굴었다. 그러다 조일 간의 대화를 재개하자는 일본의 서신이 오만방자한 내용으로 가득 차 있자 대신들은 격분했고 서신은 접수되지 않았다. 일본은 기다렸다는 듯이 군사력으로 조선을 굴복시키기 시작했다.

국제 관계에서 평화란 대등한 힘의 관계를 전제로 한다. 한쪽이 전쟁을 불사하고 달려드는데 다른 한쪽이 맞받을 힘을 키우지 않고 외교에 매달린다면 필연적으로 예속적 관계로 떨어진다. 고종은 당시 일본이 청나라를 통해 대일 수교를 성사시킬 것이라고 예견하고 있었기 때문에 굳이 군사력을 키울 필요를 느끼지 못했다. 이후에도 고종은 나라의 힘을 키우고 군사력을 강화할 생각은 전혀 하지 않고 오로지 외교로만 조선의 국력을 유지하려고 했다.

☯ 일본의 조선 침략의 서막 운요호 사건 ☯

조선에서 충격적인 사건을 일으키라는 밀명을 받은 운요호가 1875년 음력 8월 20일 월미도 앞바다에 침입했다. 일본 국적을 나타내는 깃발도 달지 않고 들어와 초지진 앞에 정박한 것이다. 초지진 군사들이 포 사격으로 대응하자 일본은 운요호에 일본기를 띄우게 한 후 철수했다. 8월 22일 그들은 '조선 군사가 불의에 포격하였으므로 죄를 묻겠다'면서 초지진을 공격하고 항산도를 포격해 민가를 불살랐다. 다음 날에는 영종도를 삼면으로 포위 공격해 영종진 포대를 파괴하고 주민들을 살육하고 약탈했다.

운요호 무력 도발 직후인 9월 1일 일본은 부산에서 무력시위를 하면서 다음 행동을 자제했다. 청의 입장을 탐지할 시간이 필요했기 때문이다. 주청 특명 전권공사 모리는 10월 초에 베이징에서 북양대신 이홍장과 담판을 진행했다. 이 담판에서 이홍장은 '조선은 청의 속방이므로 일본의 불법적 영종도 공격을 좌시하지 않겠다'라고 큰소리를 치면서도 '조선은 정사를 독자적으로 판단하므로 내정에 간섭할 수는 없다'면서 일본의 조선 침략에 간섭하지 않겠다는 입장을 표명했다.

일본은 쾌재를 불렀다. 당시 러시아와 영국도 나름의 속셈으로 일본의 조선 침략을 지지했으며 미국은 일본과 실제 공모를 하고 있었다. 주일 미국공사 빙햄은 일본의 조선 침략은 1871년 조미전쟁에서 실패한 미국의 뜻을 잇는 것이라고 했다.

일본 육군 중장 구로다는 일곱 척의 함선에 800명의 병사를 태우고 조선으로 들어왔다. 그가 받아온 지침은 운요호 사건의 책임을 조선에 전가하고 배상금을 받아내되 조선이 외교 통상 조약 체결 요구에 순응한다면 배상금 청구로 인정해주며 만일 조선이 청에 보고한다는 핑계로 시간을 끌 경우 군대를 한양에 주둔시키고 강화도를 점령하겠다고 협박하라는 것이었다. 일본이 미국에게 당한 것과 똑같은 수법이었다.

일본 함대가 처음 부산에 들어왔다는 소식이 전해졌을 때 조선 백성들은 일본과 싸울 열의로 들끓었다. '일본은 서양의 앞잡이이며 귀신이고 못된 도깨비이며 침략자이자 간첩'이라는 소문과 조선을 개방시키려는 목적도 '영호의 좋은 성게알, 관해의 명주실, 호서의 쌀과 모시, 관동·관북의 금, 은, 철, 호피, 웅담, 사슴뿔을 탐내기 때문'이라는 소문이 전국을 강타했다.

일본이 강화도에 진입했는데 정부가 아리송한 태도를 보이고 있다는 소식이 전해지자 백성들의 분노가 폭발했다. 포수 840여 명이 양화진으로 왔으며 군수 물자와 지원 물품이 쇄도했고 전현직 관리들도 상소를 올렸다. 다음은 《고종실록》에 있는 사간 장근호의 상소이다.

추악한 무리들이 강화도에 들어왔는데 상륙한 놈이 400명이나 됩니다. … 방어 요충지에 도적을 들여놓았으니 어찌된 일입니까? 13개조로 된 조약을 약속하여 결정하자고 하는 것은 더욱 망

측한 일입니다. ⋯ 조정 관리들은 날마다 의정부에 모이지만 처리 대책을 세웠다는 말은 듣지 못하였습니다. 현재의 급선무는 군영의 제도를 엄격하게 단속하고 인재를 뽑아 시급히 요충지를 방어하게 한다면 외국 배를 소탕하는 것은 시간 문제일 것인데 어찌하여 '먼저 다치지 말라'는 세 마디를 좋은 대책으로 삼겠습니까? 속히 비장한 지시를 내려 보내어 군사와 백성을 불러일으켜 싸운다면 위험한 것을 안전하게 바꿀 수 있습니다.

◑ 강화도조약의 체결 ◑

겁부터 먹은 조선 정부는 신헌을 보내 1876년 1월 17일부터 강화부의 연무당에서 일본과 담판을 시작했다. 일본 대표 구로다는 13개 조항으로 된 조약 초안을 내놓으며 열흘 안에 회답이 없으면 무력을 사용하겠다는 위협도 잊지 않았다. 1월 20일 고종은 전 현직 대신들과 대책을 의논했지만 어떤 결론도 내리지 못했다. 이 소문이 급속히 퍼지자 최익현은 1월 23일 50여 명의 유생과 상소문을 올렸다.

화친이 그들의 구걸에서 나오고 우리에게 힘이 있어 그들을 제압할 수 있어야 믿을 수 있겠지만 만일 겁이 나서 화친을 받아들인다면 임시방편에 지나지 않습니다. 이후에 그들의 끝없는 욕심을 무엇으로 채워주겠습니까? 이것이 나라를 망하게 하는 첫

◦ 운요호

◦ 강화도조약 체결 장면

번째 이유입니다. 그들의 물건은 모두 사치하고 괴상한 노리개 들이지만 우리 물건은 백성의 생활에 절실히 필요한 것이므로 통상을 한 지 몇 해 못 가서 더는 지탱할 수 없게 될 것입니다. 이 것이 나라를 망하게 하는 둘째 이유입니다. 그들은 비록 왜인이 라고 핑계를 대지만 실지는 서양 도적들이니 화친이 일단 이루 어지면 불순한 학문이 전파되어 온 나라에 가득 차게 될 것입니 다. 이것이 나라를 망하게 하는 셋째 이유입니다.

– 《고종실록》

민비는 개항을 결심한 처지였지만 조정 회의에서 그런 결론을 대놓고 유도할 수는 없었다. 민비는 1월 24일 신헌에게 다음과 같 이 지시하며 모든 책임을 그에게 떠넘겼다.

"조약을 결정하는 문제를 가지고 매번 정부에 번거롭게 공문을 올려 보내지 말고 현장에서 자기 결심에 따라 잘 처리하라."

다음 날 신헌은 조약 체결 동의 성명서를 일본 전권대신에게 보 냈다. 개항은 시대적 흐름이며 불가피했다고 평가하는 역사서가 많다. 물론 조선이 언제까지 쇄국을 고수할 수는 없었을 것이다. 그러나 무력을 앞세운 일본의 만행에 백기 투항하며 '조일수호조 규' 협상에 응한 것은 개항과는 다른 문제이며 사실상 일본의 협박 에 무릎을 꿇은 것이다.

당시 고종과 민비만 일본을 막을 수 없다고 생각한 것이지 민 중의 투쟁 열기는 가득 차있었다. 조선은 불과 5년 전인 신미양요에서 미국을 물리친 경험이 있었다. 아무리 강대한 외세라도 자국에 들어온 침략자인 이상 겨레가 일치단결해 싸우면 몰아내지 못할 것도 없다. 일본과 결탁한 조선 왕조의 몰락은 이때부터 시작되었다.

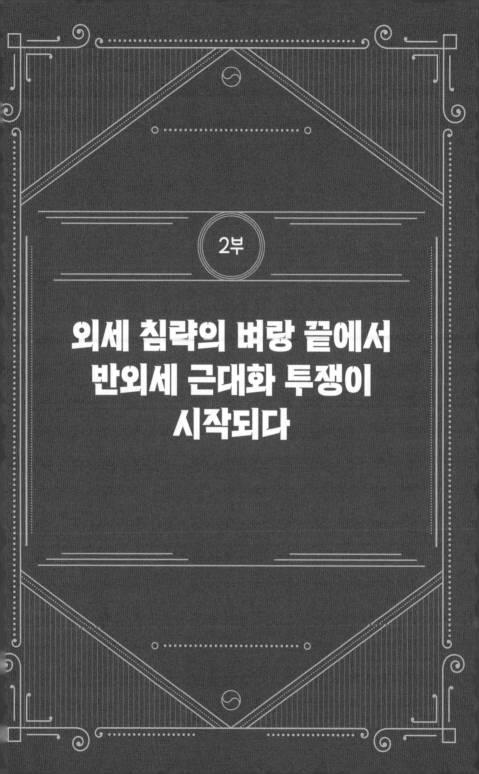

2부

외세 침략의 벼랑 끝에서 반외세 근대화 투쟁이 시작되다

조선을 사이에 둔
열강들의 눈치 게임

1876년 조선이 일본에 개항한 이후 미국은 기다렸다는 듯이 일본을 통해 조선과 통상 교섭을 하려고 했지만 번번이 실패했다. 조선이 '양이(서양 오랑캐)가 조선에서 싸우다가 격멸된 것을 알면서도 일본이 미국과 수호 조약을 알선하는 것은 조일 교린 우호를 해치는 처사라며' 거부했기 때문이다.

1880년 하반기부터 미국은 조선과 통상 조약을 중개할 나라를 청나라로 바꾸었다. 주일 미국공사 슈펠트는 중국의 주일 총영사 하여장을 만나 '청나라는 해군을 강화하고 조선은 유럽과 미국에 문호를 개방해야 러시아를 견제할 수 있다'고 열변을 토했다.

4개월 뒤 발행된 주일 청나라 공사관 황준헌이 쓴 《조선책략》도 미국의 공작과 무관하지 않다. 청은 《조선책략》을 통해 '이 시

∘ 주일 미국공사 슈펠트　∘ 청나라 주일 총영사 하여장　∘《조선책략》

기의 조선의 책략은 러시아를 막는 일보다 급한 일이 없다. 러시아를 막는 책략은 중국과 친하고 일본과 맺고 미국과 연결함으로써 자강을 도모하여야 한다면서 미국은 사심 없이 조선을 도와줄 이상적인 나라'라고 주장했다.

이 책은 일본에 수신사로 갔던 김홍집을 통해 고종에게 전해졌다. 그 후 고종과 당시 조선의 식자들에게 베스트셀러가 되었는데 고종의 균세외교* 정책 수립과 미국에 대한 환상을 갖게 만듦으로써 일본에 국권을 유린당하면서도 그때마다 미국을 바라보게 만든 근거가 된 책이다.

---

* 조선에 열강을 무차별적으로 끌어들여 힘의 균형을 맞추려는 고종의 외교 노선

☯ 조미조약을 대리한 청나라의 노림수 ☯

당시 청의 실권자 이홍장은 일본과 러시아를 견제하기 위해 이이제이(以夷制夷) 전략을 모색하고 있었다. 즉 자신의 주도로 조선과 서구 열강의 통상 체결을 유도해 아시아의 세력 균형을 조성하고 러시아의 남하를 견제해 동북 3성에 대한 일본의 침략을 방지하자는 전략이었다. 미국의 조미조약 알선 요청은 이홍장의 계책과 일치했다.

고종은 조미조약의 교섭을 이홍장에게 맡겼다. 그것은 조선의 운명을 청미 양국의 먹잇감으로 내어주는 망국적 행위였다. 1882년 5월 22일 결국 이홍장과 슈펠트가 각자의 이익을 협상하고 거래해 만든 '조미조약문'이 제물포에서 체결되었다. 조선은 "쌀의 수출을 인천항에 국한한다."는 문구를 첨가했을 뿐 청나라와 미국이 합의한 문서에 도장을 찍어준 조약이었다.

조미조약 체결을 주도한 이홍장은 이 기회에 조선을 아예 청의 속국으로 만들어 일본과 러시아를 견제하려고 '속국 조항'을 명문화하려 했다. 그러나 이러한 의도는 조선을 거점으로 중국에 진출하려는 미국의 전략과 어긋나므로 미국이 찬성할 리 없었다.

이홍장은 조미조약의 체결 연도인 '대조선 개국 491년'이라는 문구 옆에 '청나라 광서 8년 4월초 6일'이라고 청나라력을 삽입하는 것으로 만족해야 했다. 청은 이때 이루지 못한 문구를 1882년 10월에 체결한 조청상민수륙무역장정에서 "조선은 오랫동안 번

방이었다."라고 청의 종주권을 명문화했고, 이는 청일전쟁의 불
씨가 되었다.

◉ 미국의 일방적 혜택이 담긴 조미조약 내용 ◉

미국은 조미조약에서 최혜국 대우를 규정함으로써 새로운 권
리를 끊임없이 강요할 수 있는 특권을 명시했다.

조약 제1조는 "조선이 타국에 공정하지 못한 대우를 받거나 모
욕을 받았을 때 서로 돕는다."고 되어있었다. 이는 조선이 일본으
로부터의 무력 침공과 협박을 당할 때마다 미국이 도와줄 것이라
는 환상을 갖게 만들었다. 하지만 미국은 언제나 일본 편이었고 조
선 편이었던 적은 한 번도 없었다. 고종은 끝없는 배신의 쓴맛만
을 보아야 했다.

조약 제3조에는 "미국 배가 조선 근해에서 폭풍을 만나거나 통
상 항구와 멀리 떨어진 곳에서 식량, 석탄 등이 떨어졌을 때는 아
무 곳이나 정박하여 폭풍을 피하고 식량을 사며 배를 수리할 수
있다."라고 규정되어있었다. 이것은 조선 연해 전부를 미국에 개
방한다는 규정으로 미국의 대륙 침략 근거지 확보의 길을 열어놓
은 셈이었다.

조약 제4조에서는 조선의 법률과 재판 질서가 미국과 일치되
어야 한다고 강요했으며, 또 치외 법권을 철회할 권리를 미국만

이 가진다고 명시함으로써 미국의 일방적인 혜택을 여실히 보여
주었다.

◉ 일본의 조선 수탈 ◉

일본은 강화도조약 이후 유럽 시장에서 밀려난 영국 면을 수입
해 조선에 파는 방법으로 조선 수탈을 시작했다. 질이 좋기로 유명
한 조선의 무명천은 1523년에만 18만 필이 팔리는 대일 수출 상품
이었으나 일본 상인들이 값싼 영국 면제품을 밀고 들어오면서부
터 사라지기 시작했다. 개항 후 5년간 수입 면제품은 351만여 원
에 달했는데 이는 일본으로부터 수입된 총 물건 값의 76%에 달하
는 금액이었다. 무명을 팔아 수지를 맞출 수 없게 된 농민들은 목
화 대신 콩을 심어 시장 수요에 대응하려고 했다.

이처럼 수공업 노동과 맞물린 농촌의 상품들이 서구의 대량 생
산 제품과 경쟁에 부딪히자 자급자족하던 농촌 경제가 붕괴되기
시작했다. 1881년의 경우 흰쌀 1환(일본의 5되)에 27~30센(錢)이었
고, 소 한 마리는 15~18엔(¥)이었는데 일본이 가져온 사기 꽃병
한 개는 40엔이었다. 사기 꽃병 한 개를 주고 조선에서 쌀 75말이
나 소 세 마리를 가져간 셈이다.

식량이 항상 부족했던 일본은 조선의 쌀과 콩류의 수탈에 적극
적이었다. 개항 직후 1877년 알곡의 대일 수출이 쌀 474석, 콩 1,109

석이었다면 3년 뒤에는 쌀 8만 2,756석, 콩 2만 2,405석으로 뛰어올랐다. 일본은 외국 상품을 원가의 20배로 팔고 농산물을 헐값에 수입해 5배 이상의 가격으로 되팔아 이익을 보았다. 또 가을에는 쌀과 콩을 담보로 조선 농민에게 미리 자금을 고리로 대부하는 방식으로 막대한 이익을 얻었다.

1880년 부산항을 통한 쌀, 콩 수출이 총 수출액의 68.2%였다면 1년 만인 1881년에는 93.3%에 이르렀다. 개항 후 3~4년 안에 조선 쌀값은 2~3배로 뛰어 조선 정부는 각계각층에서 규탄을 받고 궁지에 몰렸다. 개항 후 5년간 일본과 외국이 약탈해간 물자는 곡물, 소가죽, 해삼, 미역, 명주실, 금, 은 등 총 510만 4,859원이었고 이 중 농산물은 57%에 달했다.

일본은 근대적 통화 체제인 금본위제로 가기 위해 금 약탈에 매우 적극적이었다. 금 준비는 자본의 원시적 축적에서 매우 중요하다. 당시 일본에게 조선은 금 확보의 최적지였던 만큼 부등가 교환으로 아주 헐값에 조선의 금을 약탈해갔다. 금뿐 아니라 은, 동을 비롯한 귀금속도 헐값으로 강탈해갔다.

일본은 제1은행을 앞세워 10만 엔이라는 거액의 자금을 내어 1878년 6월 부산에 지점을 세웠다. 그리고 1880년 사금 집합지인 원산, 1882년 인천, 1887년 서울에 출장소를 설치했다. 종잇장에 불과한 불환 지폐인 일본 화폐로 조선의 금과 은을 비롯한 귀금속을 헐값에 사들임으로써 일본은 자본주의의 기초를 마련했다. 실례로 일본에 약탈된 금은 1877년에 2만 2,050원, 1878년에 78만

○ 일본으로 가기 위해 군산항에 적재된 쌀

○ 일본 제1은행권 화폐

5,930원, 1879년에 13만 4,136원, 1880년에 46만 9,530원, 1881년에 53만 132원, 1882년에 56만 4,101원이었다.

일본은 강화도조약에 의거해 일본 화폐를 가지고 조선에서 상품을 구매할 수 있으며 조선 사람도 일본 화폐를 사용할 수 있고 일본 사람 또한 조선의 구리 화폐를 사용할 수 있다고 규정해놓았다. 이는 종이에 불과한 일본 화폐로 조선의 금과 동을 약탈하려는 술책이었다. 당시 조선에서 유통되던 화폐는 상평통보로, 금속 자체의 가격이 표기 가격과 거의 일치하여 화폐 가치가 비교적 안정되어있었다.

일본 화폐의 유통은 화폐 공황을 일으키고 자생적으로 끊임없이 싹트던 조선 자본주의 발전을 가로막은 주된 요인이다. 결론적으로 강화도조약은 조선의 근대화를 촉진시킨 것이 아니라 자주적 자본주의 발전을 가로막고 조선 경제를 황폐화시켜 근대화의 길을 왜곡시켰다고 볼 수 있다.

◐ 외세의 수탈로 본격화된 민족적 투쟁 ◐

쌀값 폭등으로 민중의 삶은 피폐해졌다. 하지만 지주들은 쌀을 수출하며 챙긴 이익으로 지주 경영을 확대해나갔다. 또 양반들은 사치를 위해 땅을 신흥 지주에게 팔거나 농민 수탈을 확대했다. 그 결과 자작농들은 소작농의 처지로 떨어지거나 땅을 잃고 타지로 쫓겨나기 일쑤였다.

개항장을 비롯한 전국에서 일본 상인의 상권 침탈과 불법 행위를 규탄하는 조선 상인들의 절규가 이어졌다. 나라의 재정적 토대도 심각하게 무너져서 국가 재정은 파산에 직면하게 되었으며 백성의 생활은 나락으로 떨어져 조선은 심각한 위기에 처했다. 그러나 조선의 집권 세력인 민비 일당은 자신의 권력을 유지하는 것 외에 아무런 관심이 없었다.

조선 민중은 자신들의 삶을 피폐화시키는 것이 외세임을 확실히 알게 되었다. 또 민족의 운명은 아랑곳하지 않고 외세와 빌붙어 자기 이익만을 취하는 지배 세력에 대한 분노도 키워갔다. 외세를 몰아내고 봉건제를 개혁하지 않고서는 최소한의 생존권을 지키는 것조차 불가능하다고 자각하자 반외세, 반봉건 투쟁의 거대한 흐름이 만들어지기 시작했다.

민중 투쟁은 각계계층으로 확대되었고 투쟁의 내용과 방법도 봉건 시대의 농민 폭동과 달리 반외세, 반봉건의 목표를 향해 전개되었다. 정부 내 양심적 지식인과 관리들은 하루빨리 조선을 개화하지 못하면 나라가 망한다는 위기의식에 근대를 향한 개혁에 박차를 가했다. '위정척사파'라고 불리는 양반들의 투쟁은 성리학적 질서를 고수해 봉건적 이념을 벗어나지 못했지만 일본의 침탈이 거세어짐에 따라 항일 의병운동으로 발전되기도 했다.

강화도조약 이후 부산항과 원산항이 연달아 개항되었다. 1880년부터 한양에 일본 공사관이 설치되어 일본의 각종 정치·군사적 간섭과 압력이 전면화되면서 조선의 반외세 투쟁이 폭발하기 시작했다. 그 시작은 1882년(임오년) 군인들의 투쟁이었다.

조선 민중의 애국심과 투지를
보여준 임오년 군인 투쟁

1871년 조미전쟁에서 미국을 막아낸 조선이 겨우 4년 후인 1875년 일본의 운요호 침략으로 무너졌다는 것은 어이없는 일이다. 흥선대원군을 몰아내고 민비가 정권을 잡은 지 3년 만의 일이다. 국방력을 어떻게 실추시켰길래 이런 일이 일어났을까?

민비 일당은 운요호 사건 이후에도 국방력 강화 대책 수립에는 아무런 관심을 두지 않았다. 각 군현의 군적에 등록된 이름은 모두 죽은 사람이었고 군사 훈련 대상자도 젖먹이 어린아이뿐이었다. 백성에게서 걷은 군 관련 세금(군포)은 많았으나 부패한 관리들이 세금 대부분을 가로챘다.

1881년 12월, 조선 정부는 근대식 군대를 만들어야 한다는 개화파의 주장을 받아들여 신식 군대인 별기군을 창설했다. 그러나 집권 수구 세력은 자주적인 근대식 군대를 만들겠다는 생각보다 일본을 끌어들여 러시아를 견제하려는 외교적 계산을 앞세웠다. 일본은 조선 군인들 사이의 반목을 조성하려는 속셈으로 호리모도를 별기군 훈련교관으로 파견했다. 사람들은 별기군을 '왜별기'라고 비꼬았다.

☯ 임오년에 일어난 군인 투쟁 ☯

19세기 중엽 이후 빈민들은 대부분 고용군이 되어 지금의 왕십리와 이태원 일대에 살았다. 이들은 성문 방비, 순찰, 도성의 건축과 수리, 하천 보수 등 잡다한 부역에 동원되었고 그 대가로 급료를 받았다. 그들의 급료는 쌀 네 말 정도밖에 되지 않아 채소, 땔나무 등을 팔아 간신히 생계를 유지해나갔다. 하지만 그마저도 민비 일당은 군량을 향락에 탕진하면서 주지 않았다.

임오년 군인 투쟁은 무위영 소속 군인들에 대한 급료 지불 사건에서 비롯되었다. 정부는 군인들의 불만이 폭발 상태에 이르자 밀린 13개월분의 쌀 중에서 1개월분만이라도 지불하겠다고 발표했고, 1882년 음력 6월 5일 군인들은 1개월치 급료라도 타기 위해 선혜청 창고인 도봉소로 모여들었다. 그런데 급료로 받은 쌀이 절반 이상이 썩어 있었다. 군인들은 수령을 거부하고 거만한 창고지기들을 때려눕혔다. 이 사건에 연루된 군인 네 명이 포도청에 감금되었고 그들이 곧 처형된다는 소식이 전해졌다. 감금된 군인 가족들이 왕십리 일대에 그들을 구하러 가자는 통문을 돌렸다.

다음 날 왕십리 일대의 군인과 주민들이 성안으로 몰려들었고 군인 석방을 청원하기 위해 선혜청 당상인 민겸호를 찾아갔다. 그러나 민겸호는 석방은커녕 사람들을 몰고 온 주동자를 잡아 죽이겠다고 엄포를 놓았다. 사람들은 격분했다.

"굶어 죽건 처형되건 매일반이다. 차라리 죽일 놈은 죽여 억울함을 풀겠다."

그들은 민겸호 집에서 찾아낸 보물들을 쌓아놓고 불을 질렀다. 군인들의 투쟁은 청원에서 폭력적인 투쟁으로 넘어갔다

군인들은 흥선대원군이 있는 운현궁으로 몰려갔다. 달리 호소할 데도 없었다. 흥선대원군이 집권하는 시절이 민비 정권보다 나았기 때문이다. 흥선대원군도 다시 정권을 장악할 야심으로 심복 부하들을 파견해 군인들을 지원했다. 군인들은 동별영 무기고로 몰려가 조총과 환도 등을 탈취해 무장을 갖추었다. 정부는 군인 투쟁이 무장 폭동으로 발전되자 무위영 대장 이경하, 선혜청 당상 민겸호, 도봉소 단장 심순택을 파직시키고 무위영 대장 후임으로 흥선대원군의 맏아들 이재면을 임명해 군인들을 회유하려고 했다.

그러나 회유책은 통하지 않았다. 군인들은 포도청과 의금부를 습격해 감금된 군인들을 석방한 후 강화유수 민대호의 집으로 쳐들어갔다. 또 별기군 훈련장으로 가서 별기군의 민족적 각성을 호소해 합류시켰으며 호리모도와 공사관으로 달아나던 일본인 세

명과 순사 세 명을 처단했다. 군인들은 경기 감영을 습격하고 무기고를 열어 주민들을 무장시켰다.

군인들이 일본 공사관을 포위하자 공사관 직원들은 스스로 공사관에 불을 지르고 도망갔다. 수백 명의 군인이 인천까지 뒤쫓아가 공격했지만 일본영사 일행은 월미도에 정박 중이던 영국 배에 올라타 구사일생으로 목숨을 건졌다.

6월 10일 이최응, 민겸호를 비롯해 악질 관료들을 처단한 군인들은 창덕궁으로 향했다. 민비는 도망가고 없었다. 사태 수습에 나서달라는 고종의 요청을 받은 흥선대원군이 군인 200명의 호위를 받으며 입궐했다.

"이후로 대소 공무는 모두 흥선대원군 앞에 품결하라."

고종이 사과문과 함께 이와 같은 명령을 내림으로써 10년 만에 흥선대원군이 복귀했다. 하지만 그는 민비의 재집권을 막는다며 죽지도 않은 며느리의 장례부터 치르는 망동을 저질렀다. 또 아들 이재면에게 훈련대장과 호조판서, 선혜청 당상까지 겸직시키며 병권과 재정을 장악했다. 그 사이 일본과 청나라는 조선에 대한 무력 침략 대책을 세우고 있었다. 흥선대원군이 귀중한 시간을 그렇게 낭비한 것은 돌이킬 수 없는 중대한 실수였다.

◦ 신식 군대 별기군

◦ 일본 공사관이 습격당해 도망가는 일본인들

◐ 조선의 운명을 둘러싼 청나라와 일본의 야합 ◐

청나라 북양함대 정여창 제독과 마건충이 군함 세 척을 이끌고 조선에 와서 사태를 파악하기 시작했다. 이틀 후 일본영사 일행이 거류민을 보호한다는 명목으로 군함 네 척, 수송선 세 척에 1개 대대 1,500명을 이끌고 제물포로 돌아왔다. 일본군이 제물포에 도착하자 정여창 제독은 청나라로 돌아가 3,000명의 병력 파견을 요청했다. 그리고 7월 2일 일본영사는 1개 중대를 이끌고 한양에 들어왔다.

일본 군대와 청나라 군대가 모두 조선에 들어온 긴박한 상황에서 두 나라는 다음 날 비밀 회담을 열었다. 일본은 청나라와의 전면전을 각오하고 조선을 무력으로 장악해야 할지 아니면 청과의 타협의 여지가 있는지 탐색하려 했고, 청나라는 일본 군대가 조선을 점령할 경우 조선에 대한 영향력이 사라질까 싶은 우려에 청의 체면을 살리면서 일본군의 무력 사용을 막기 위한 방법을 탐색하고자 했다. 두 나라는 기세 싸움을 하면서도 흥선대원군을 제거하는 편이 양국에 이익이 된다는 공통의 목표에 이르렀고 이를 위해 서로 결탁하는 방법을 찾기 시작했다.

7월 7일 일본은 고종을 직접 만나 군인 폭동 배상 조건을 던져놓고 돌아갔다. 그 내용은 폭동 주동자 처벌, 유가족과 부상자들에게 5만 원의 위로금 전달, 일본이 입은 손해 배상, 일본군 1개 대대 주둔, 원산과 인천 개방이었다. 같은 날 청나라 오장경과 3,000명의 군대가 도착했다. 청일의 갈등이 어떤 방향으로 튈지 다시 일촉 즉발의 긴장이 흘렀다.

◎ 청, 흥선대원군을 납치하다 ◎

일본이 군대를 몰고 와 고종에게 강도와 다름없는 요구서를 들이민 것을 알게 된 흥선대원군은 전국의 병력을 모아 일본의 침략에 맞설 준비를 갖추기 시작했다. 그러면서도 청나라 마건충에게 서신을 보내 한양에 와서 조일 문제를 조정해달라고 요청했다. 청의 힘으로 일본을 달래볼 심산이었다.

그러나 마건충은 무력 충돌이 아닌 협상으로 일본을 달래려면 흥선대원군이 물러나는 방법밖에 없다고 생각했다. 일본은 배상을 요구한 지 3일부터 제물포에서 무력 사용을 준비했다. 이를 눈치 챈 마건충은 7월 11일 인천에 있는 일본영사를 찾아가 조정자로 나섰다.

청나라가 흥선대원군을 끌어내리고 정권을 고종에게 돌려주려고 한다는 것을 알아차린 일본영사는 협상에 응했다. 언젠가는 대결해야 할 나라였지만 이길 승산이 설 때까지는 충돌을 피하면서 시간을 벌어야 했다. 청나라의 힘을 이용해 흥선대원군과 군인 폭동을 진압하고 조선 침략의 기반을 확대할 수 있으면 일본으로서는 일거양득이었다.

청나라도 자국이 주동적으로 조일 관계를 조정하고 폭동을 진압하면 조선에서 영향력을 강화할 수 있다는 계산을 마쳤다. 7월 13일 마건충은 흥선대원군을 청군의 병영으로 유인해 납치하고 천진으로 압송해 감금시켰다. 청군은 조선 왕궁을 점거하고 훈련대장 이재면을 체포 감금했으며 삼군부의 총수들을 유배형에 처함으로써 흥선대원군 정부의 군부 실권자를 모두 제거했다.

☀ 군인 투쟁과 조선의 운명 ☀

청나라가 흥선대원군을 납치했다는 소식이 전해지자 군인들의 분노는 하늘을 찔렀다. 7월 15일과 16일, 청군은 왕십리와 이태원 일대를 공격했다. 조선 군인들은 공격해오는 적들과 육박전을 벌여 치열하게 싸웠다. 부상자도 많이 나왔고 더러는 자기 손으로 목숨을 끊었다.

7월 16일 … 청군은 일시 위험한 상태에 빠지게 되었다. 대포까지 동원하였으나 폭도는 계속 저항하여 백병전까지 전개되었다. … 강화 이래 용감성을 발휘한 조선군이 만일 무기와 지휘자를 얻었다면 청군은 일대 난관에 부닥쳤을 것이다.
-《근대조선사》일본어판

청일의 무력간섭으로 정권을 되찾은 민비는 민중을 탄압하는 정책을 강화했고 조선은 외세의 각축장으로 변해갔다. 청나라는 조선 내정에 제멋대로 간섭하기 시작했고 군대를 청의 통제 밑에 두었다. 궁궐을 점거하고 있으면서 국사와 관련된 모든 일을 일일이 간섭했다. 청나라는 조일 두 나라 사이의 회담을 중재하면서 조선 정부를 감시했고 미국을 포함한 서구 열강과의 예속 조약을 강요했다.

상황을 모면한 고종은 즉시 청나라에 의존해 군인 폭동을 탄압했으며 8월 5일에는 투쟁을 모독하는 포고문을 발표했다. 이것만 봐도 고종이 외세보다 민중을 더 적대시했다는 것을 알 수 있다.

☯ 임오년 군인 투쟁의 실패 원인 ☯

군인들은 한양에서 일본 관리들을 내쫓은 다음 무장을 유지한 채 외세의 재침략에 대비해 정비를 갖추었다. 군인들 속에는 지휘관이 적지 않아 정연한 군사 조직과 지휘 체계를 세우고 전투력을 발휘할 수 있는 군대를 유지할 수 있었다. 그러나 흥선대원군의 본질을 가려보지 못하고 스스로 무기를 내려놓아 외세가 다시 침입했을 때 분산된 상태에서 맨주먹으로 적들과 싸우지 않으면 안 되었다.

물론 군인들이 무장을 내려놓지 않았다면 청나라와 일본을 상대로 싸워서 승리할 수 있었겠느냐는 의문이 들 수 있다. 그러나 무장을 풀지 않고 있었다면 그리 쉽게 몰살당하지 않았을 것이며 시간을 벌면서 전체 조선 민중 항쟁의 기폭제가 되는 것도 불가능한 정세는 아니었다. 군인들이 왕궁을 장악하여 민비를 쫓아내었고 민중의 반외세 정서가 높았던 만큼 조선이 일본 침략에 대비하는 계기가 되었을 수도 있다.

◉ 임오년 군인 투쟁의 성격과 의미 ◉

당시 민중의 분노는 민비 일당과 일본에 집중되어있었다. 민비 일당이 국정을 농간했다는 원성이 자자했을 뿐 아니라 자신들만의 안위를 위해 일본과 굴욕적인 조약을 체결함으로써 나라를 망하게 했다는 인식이 널리 퍼져 있었다.

군인들의 일본 공사관 습격은 단순한 폭동이 아니라 일본의 수탈으로 민중의 경제적 궁핍이 심화된 현실을 각성하고 민중 수탈의 주범인 일본을 타격한 반외세 자주화 투쟁이었다. 또 군인에게 최소한의 급료마저 주지 않는 부패한 조선 봉건제의 악행을 처단하고 생존권을 확보하려는 민주주의를 위한 정의로운 투쟁이었다. 즉 반외세 반봉건 민주주의 항쟁이었다.

일부에서는 임오년 군인 투쟁이 신식 군대와 구식 군대 사이의 차별 때문에 발생했다고 보는 견해가 있다. 하지만 이것은 군인들의 애국적인 투쟁에 대한 모욕이다. 차별에 대한 항거가 아님은 신식 군인이었던 별기군도 구식 군인들과 함께 이 투쟁에 합세했다는 사실에서 증명된다.

이처럼 임오년 군인 투쟁은 일본과 청의 무력간섭과 군인들의 정치적 미성숙 등으로 실패했으나 우리 근대사에서 중요한 의미를 지닌다. 따라서 이 투쟁이 성공하지 못했으며 결국 외세를 더욱 깊숙이 끌어들인 계기에 불과했다는 견해는 재평가를 받아야 할 것이다.

임오년 군인 투쟁은 제멋대로 날뛰며 조선을 수탈하던 일본에게 된서리를 안겨주었다. 일본은 외세에 굴종하던 민비 일당을 내세워 아무 제재도 받지 않고 조선을 마음껏 침략하고 수탈할 수 있었다. 그러나 민중은 일본에게 절대 굴복하지 않는다는 것을 보여줌으로써 일시적으로나마 일본의 조선 침략 정책에 제동이 걸었다. 결국 일본은 조선 근대화에 대한 '지지자', '동정자'의 가면을 쓰지 않을 수 없었다.

임오년 군인 투쟁은 민비 일당을 비롯한 부패 권력에게도 큰 타격을 주었다. 궐기한 지 이틀 만에 민비 측근들은 거의 처단당했고 궁궐까지 점령당했다. 혼비백산한 고종은 최하층 군인들 앞에서 사죄하지 않으면 안 되었다. 물론 그것은 위기를 모면하려는 기만책이었지만 신성불가침의 존재로 여겨지던 국왕이 자기 잘못을 공개적으로 인정한 것은 부패한 권력에게 커다란 타격이었다. 그뿐만 아니라 부패한 반민중적 정책에도 어느 정도 제동이 걸렸다.

임오년 군인 투쟁은 조선 민중의 애국심과 투지를 보여주었다. 투쟁 과정에서 민중은 민족적 계급적으로 각성했고 단결력도 높아졌다. 폭동 초기에는 훈련도감 군인의 혈육과 친척이 뭉친 것에 불과했지만 일본과 부패 권력을 반대하는 투쟁으로 확대되자 한양의 각계각층 민중이 합세했다. 이를 통해 조선 민중은 단결해 투쟁한다면 어떤 간악한 침략자와 부패 권력도 이길 수 있다는 마음을 갖게 되었다.

이처럼 임오년 군인 투쟁은 조선의 반침략 반봉건 투쟁에 고무적인 영향을 주었다. 이에 큰 자극을 받은 양심적 개화파와 그 지지자들은 민족적 위기를 하루빨리 극복하려면 나라의 근대화와 부국강병을 서둘러 실현해야 한다고 느끼고 이를 위한 투쟁에 적극 나서게 되었다.

개화사상의 탄생과
갑신정변

◐ 근대 국가를 세우려는 자생적 사상과 실천 ◐

임오년 군인 투쟁이 발발했던 19세기 중엽 조선의 지식인 중에서도 봉건제를 그대로 두면 나라가 망한다는 위기의식을 느끼고 조선을 자본주의로 발전시켜야 한다고 생각하는 이들이 있었다. 이들을 '개화파(開化派)'라고 하는데, 여기서 '개화'란 미개한 조선을 개화시킨다는 말이 아니라 봉건제를 청산하고 자본주의 근대 국가로의 변혁을 추구하는 정치 이념이었다.

우리나라 개화사상은 외세 침략이 본격화되는 상황에서 근대 국가를 이룩하려면 자수자강(自守自强)해야 한다는 점을 분명히 했다. 이러한 점에서 서구의 근대 사상과는 달랐다. 또 개화사상의 발생이 조선 후기에 발생한 실학을 배경으로 해 서구의 문물을 연구했다는 점에서도 차이가 있다.

개화파는 다양한 방법으로 개화 정책을 추구하려고 노력했다. 하지만 외세 및 그와 결탁한 수구 세력의 반대에 부딪혀 목숨까지 위협받았다. 이러한 상황에서 이들은 개화 정책을 계속 추진해나가려면 정변이라는 비평화적 방법밖에 없다고 판단하고 1884년 갑신정변을 일으켰다. 갑신정변은 말 그대로 풀이하자면 '갑신년에 일어난 정변(쿠데타)'이라는 뜻이다.

많은 사람이 갑신정변이란 '개화를 추구하던 사람들이 정변을 일으켰지만 일본에 의존하여 일으킨 탓으로 실패했다' 정도로 알고 있다. 프랑스혁명과 같은 서양의 사건은 소설이나 영화도 많고 관심도 많은데 우리나라 근대사에서 가장 중요한 분수령이라고 할 수 있는 갑신정변에 대해서는 '실패한 쿠데타'로 치부하는 탓인지 별 관심이 없다.

갑신정변은 조선 지식인의 힘으로 입헌적 근대 국가를 만들려는 노력이었다. 최근 TV에서 국왕은 있지만 정치에는 관여하지 않는 '입헌군주제'를 배경으로 한 드라마가 방영된 적이 있다. 화려한 배우와 세련된 왕가가 등장하는 드라마 분위기 덕분인지 '우아한 나라'라는 느낌을 자아냈다. 만일 갑신정변이 성공했다면 조선도 그런 나라가 되었을지 모른다. 일본의 식민지가 되지 않았을 것이고, 왕비가 일본 사무라이에게 살해당하지 않았을 것이며, 나라를 잃은 백성이 만주로 떠나는 일도 생기지 않았을 것이다. 특히 분단도 되지 않았을 것이다. 갑신정변은 비록 거사 3일 만에 실패로 끝났지만 그 정강 정책은 근대화 운동의 방향과 지표가 되어 우리 민족의 근대화를 이끌어나갔다.

◉ 개화사상의 탄생 ◉

서구와 달리 조선의 봉건 제도는 중앙 집권제가 매우 강해 봉건제의 압력이 더 견고했다. 그리고 외부 자본주의의 침략으로 자생적인 자본주의 발전이 가로막힘으로써 신흥 자본가 계급이 성장하기 어려웠고 힘도 매우 미약했다.

조선에서 개화사상은 1850년대부터 중인 출신의 지식인과 진보적인 양반 관리에 의해 싹트기 시작했다. 봉건적 신분 제도에서 중인은 양반에 속하지 않으나 학식과 재능에 따라 통역관, 의관, 천문관 등을 하면서 행정 기관에서 일할 수 있는 길이 열려 있었다. 이러한 직업적 특성으로 중인들은 기술 실무 지식뿐 아니라 국내외 정치를 잘 알 수 있는 유리한 위치에 있었다. 또 대부분 상업 및 수공업을 경영하고 있어 자본가와 대상인들의 입장과 요구를 잘 알 수 있었다.

봉건 제도를 대신할 새로운 사회를 건설하겠다는 의지를 처음 드러낸 사람은 역관 오경석이었다. 오경석은 사신단의 통역관으로 청나라를 10여 차례나 왕래했다. 그는 베이징에 체류했을 때 청나라에 들어온 유럽의 문물을 직접 목격했다. 그는 청나라의 현실을 구체적으로 고찰하면서 하루속히 자국의 힘으로 자본주의를 이루어 문물을 발전시키지 못하면 외세의 각축장으로 전락하겠다는 위기의식을 느꼈다.

중인 출신으로 개화 운동의 선각자로 나선 대표적인 인물은 유홍기(유대치)이다. 유홍기는 실학파들의 실사구시 학풍을 배우면서 봉건 통치의 문제점을 알게 되었고 오경석이 가지고 오는 신간 도서들을 탐독하면서 개화사상을 익혀 나갔다.

중인 출신 사이에서 개화사상이 싹트고 있을 무렵 선진 관료 사이에서도 이러한 사상이 싹트기 시작했다. 그 대표적인 인물이 박규수다. 박규수는 실학파의 대표적 인물이었던 연암 박지원의 손자로 할아버지의 사상적 영향을 받으며 자랐다. 1861년 영국·프랑스 연합군이 베이징을 점령하자 청나라 조정이 열하로 피신했는데 이때 박규수가 조선 정부의 위문 사신단으로 청나라에 갔다. 그는 그곳에서 서구 열강의 침략으로 아시아 여러 국가에 위기가 닥쳐옴을 여러 경로를 통해 보고 들었다. 또한 그는 1866년 평안도 관찰사로 부임해있는 동안 미국의 제너럴셔먼호의 침탈과 만행을 직접 목격했다. 1872년에는 청나라 사절단의 대표로 베이징에 가서 국제 관계의 일부를 직접 체험하면서 주체적인 대외 관계 수립의 중요성을 느끼고 돌아왔다.

오경석, 유홍기, 박규수를 우리나라 개화 1세대라고 부른다. 이들은 개화사상을 널리 전파하려면 문벌 양반 출신 청년 중에서 뜻을 함께할 수 있는 동료를 찾아야 한다고 생각했다. 왜 문벌 양반 출신이었을까? 조선을 개혁하려면 조정에 들어가야 했기 때문이다.

● 김옥균과 개화파의 형성 ●

개화사상은 1870~1880년대에 이르러 김옥균에 의해 더욱 발전했다. 김옥균은 1851년 충청도 공주 지방의 양반 가문에서 태어나 다섯 살 때 당시 세도가였던 오촌 당숙 김병기의 양자가 되었다. 그는 열한 살 무렵부터 열여섯 살까지 강릉부사된 양아버지 김병기를 따라 강릉에서 지냈다.

1866년 김옥균은 제너럴셔먼호 침입 같은 서구 자본주의 나라의 침입과 그에 반대하는 전 민족적 투쟁이 전개되는 상황을 보며 조국에 밀려오는 민족적 위기를 몸소 느꼈다. 또 봉건 지배층의 학정으로 암담해지는 조국의 현실을 우려했다. 그는 정치를 바로잡아 조국을 위기에서 구해야겠다는 열망을 품었으며 실학의 진보적 사조를 열심히 탐구했다.

김옥균은 열여섯 살에 양아버지와 함께 한양 북촌으로 돌아왔다. 이때부터 그의 주위에 뜻있는 청년들이 모여든다. 문벌 출신의 인물을 찾던 유흥기는 김옥균이 뛰어난 정치적 식견을 가진 인물임을 간파하고 모든 희망과 기대를 걸었다.

김옥균이 개화사상을 정립하는 데 영향을 끼친 또 한 사람은 박규수다. 박규수는 김옥균에게 개화사상을 전파한 인물로 그에 대해 신채호는 다음과 같이 언급했다.

김옥균이 일찍이 우의정 박규수를 방문한 즉 박 씨가 벽장 속에서 지구의 하나를 꺼내어 김옥균에게 보이니 그 지구의는 박 씨의 조부 연암 선생이 중국을 유람할 때 사서 휴대하여 온 바더라. 박 씨가 지구의를 한 번 돌리더니 김 씨(김옥균)를 돌아보며 웃으며 말하되 "오늘의 중국이 어디 있느냐. 저기 돌리면 미국이 중국이 되며 이리 돌리면 조선이 중국이 되어 어느 나라든지 한가운데로 돌리면 중국이 되자니 오늘에 어디 정한 중국이 있느냐." 하니 김옥균이 이때 개화를 주장하여 … 크게 무릎을 치고 일어났더라. 이 끝에 갑신정변이 폭발되었더라.

김옥균은 스무 살 되던 해인 1872년 문과에 급제했고, 1874년 2월에는 홍문관 교리에 임명되었다. 1882년 9월에는 승정원 우부승지로 임명되었다. 그 무렵 홍영식, 박영효, 박영교, 서광범, 유길준, 김홍집, 어윤중, 김윤식 등과 친교를 맺었다. 뜻을 같이하는 이들이 늘어남에 따라 하나의 정치 세력이 형성되었다. 이 정치 세력을 '개화파'라고 했고 이들과 정치적으로 대립한 반동적인 봉건 지배 세력을 '수구파'라고 불렀다. 개화파의 지도자는 김옥균이었다.

∘ 오경석

∘ 박규수

∘ 김옥균

∘ 박영효

∘ 서재필

∘ 서광범

∘ 김홍집

∘ 어윤중

∘ 김윤식

☯ 개화파의 정치적 비밀 결사 충의계 ☯

김옥균은 나라의 개혁을 추진하려면 뜻을 함께하는 세력이 있어야 하고 그 세력은 수구파들이 조정을 장악하고 있는 상황에서 비밀스럽게 조직되어야 한다고 생각했다. 그리하여 1876년 비밀 결사의 성격을 띤 '충의계'라는 조직을 만들었다.

김옥균을 비롯한 개화파는 군인을 조직하는 데 각별한 노력을 기울였고 그 결과 갑신정변 무렵에는 정규군을 포함해 1,000명의 군인을 확보할 수 있었다. 또 양반 관료뿐 아니라 개혁 운동에 동참하려는 각계각층의 사람들을 충의계에 참여시켰다. 이들 중에는 스님, 궁녀, 내시, 군인, 상인과 가내 노비, 천민도 있었다. 궁중 인물들은 정보를 모아 보고했고 상인은 긴급한 재정 자금을 조달했다. 보부상을 통해서는 정변에 필요한 100여 명 이상의 인력을 동원했다.

충의계는 근대 개혁을 위한 개화 운동가들의 정치적 비밀 결사대로서 개화파의 핵심 조직이었으며 근대적인 정치 조직의 첫 맹아였다. 개화파가 형성되고 충의계와 같은 근대적 정치 조직이 자리 잡음으로써 봉건 제도를 청산하고 근대적인 국가 제도를 세우는 데 힘을 모을 수 있었다. 또 외세 침략으로부터 자주권을 수호하기 위한 투쟁을 적극적으로 밀고 나갈 수 있었다.

◉ 김옥균의 사상과 개화파의 개혁 활동 ◉

김옥균의 사상은 '우리나라의 독립을 지키고 구습을 변혁시키는 것'이었다. 달리 표현하면 나라의 자주권을 지키고 봉건제를 타도해 자본주의를 만든다는 것이다. 김옥균은 세계가 상업을 기반으로 산업을 발전시키고 경쟁하고 있는데 조선에서 폐단의 근원을 없애지 않는다면 외세의 침략에 망할 수밖에 없으므로 봉건 제도를 없애고 자본주의 정치 제도로 바꾸어야 한다고 주장했다. 김옥균의 저서로는 현재《갑신일록》,《치도략론》,《회사설》,《리재원에게 보낸 편지》,《리홍장에게 보낸 편지》등이 전해지고 있다《기화근사》와 다른 책도 있었지만 갑신정변 실패 이후 모두 사라졌다.

개화파가 가장 중시한 사업은 근대 사상을 전파하는 일이었다. 개화파는 1883년 3월 20일 근대적 출판 기관인 '박문국'을 창설했고, 1883년 10월 1일 신문 〈한성순보〉를 창간했다. 이를 통해 유럽의 선진 문물과 정치를 소개하기도 하고 근대적 회사의 필요성, 도로, 교통 운수 통신의 중요성 등을 널리 알렸다. 이러한 개화파의 적극적 활동으로 1870년대 말부터 1880년대 초에 들어서면서 사회의 여러 계층이 개화 사상에 공감하게 되었다.

개화파는 고종에게 개화사상을 설파하고 자본주의 제도

◦ 〈한성순보〉

로 나아가야 한다고 설득하는 데 많은 노력을 기울였다. 개화파가 추구하는 나라는 입헌군주제였으므로 왕을 적으로 돌리지 않고도 자본주의 근대 국가를 수립하는 일에 동참시킬 수 있다고 보았다. 특히 수구파가 왕권을 등에 업고 전횡과 사대 굴종 정책을 일삼는 상황에서 고종을 개화파의 편으로 돌려세우는 문제는 더욱 중요했다. 청나라와 일본을 시찰한 김기수, 김홍집, 어윤중, 김윤식 등은 세계 문명의 진보성을 고종에게 인식시키기 위해 보다 적극적으로 노력했다.

1880년 12월 21일 개화파는 새로운 행정 관리 기관인 통리기무아문을 창설하고 기구 개편을 통해 근대적인 정부 기구로서의 면모를 갖추어 나갔다. 통리기무아문은 1882년 6월 흥선대원군에 의해 폐지되었다가 1882년 7월 기무처로 다시 탄생했다. 기무처의 구성원은 일곱 명으로 김홍집, 김윤식, 홍영식, 어윤중, 신기선 등 대부분 개화파였다. 개화파는 국가 재정 지출을 줄이고 비대해진 국가 통치 기구를 축소하기 위해 임시 관청인 '감생청'을 만들어 1882년 12월, 22개의 개혁안을 제기했다. 그러나 이는 수구파들에 의해 좌절되었다.

일본은 강화도조약 이후 조선에 무관세로 상품을 들이밀고 있었다. 개화파는 각국에서 실시하는 관세 제도 자료를 연구 수집하는 한편 김홍집을 통해 관세 갱신을 시도했다. 1880년 7월 김홍집은 2차 수신사로 일본에 가서 관세 협정을 시급히 체결하자는 안건을 제기했다. 이는 일본의 거절로 무산될 뻔했다가 1883년 6월

무관세 제도를 일부 수정해 약재 및 식재료, 일용 잡화, 가구류 등
은 5%, 유럽산 술, 시계, 장식품, 보석류는 25~30%, 일반 상품은
8~10%로 관세율을 규정했다.

일본은 1876년 부산항, 1880년 원산항을 개항시키는 데 성공
한 후 인천항 개항에 집요하게 매달렸다. 한양에서 가까운 인천항
은 조선 침략의 가장 큰 거점이었기 때문이다. 당시 정권 실세들
은 청나라와 결탁해 인천항도 개항하고 서구 열강에게도 문을 열
어야 한다고 주장했다.

개화파는 '선 자체 역량 구축, 후 개항 통상'이라는 원칙을 세우
고 인천항 조기 개항을 반대하면서 기선 구입을 통한 삼남 쌀의 한
양 반입 대책 수립, 국방력 보강, 개화파의 일본 시찰, 재정을 위한
회사 설립이라는 계획을 세웠다. 일본의 경제 침투를 지연시켜 민
족적 자주권을 고수하고 개혁에 필요한 시간을 벌려는 것이었다.

1880년 12월 김홍집은 일본과의 협상에서 인천항의 개항 날짜
를 5년 연장하며 방곡령*을 인정하라고 강경하게 요구했다. 이런
강경 자세로 임오년 군인 투쟁이 일어나기 전까지 인천황의 개항
을 막아낼 수 있었다.

개화파의 노력으로 1884년 3월 27일 근대적 통신 기관인 우
정총국이 설립되었고 1884년 10월 1일부터 체신 사업이 시작되
었다. 개화파는 1880년 객주 연합체인 상회를 근대 산업으로 키

---

* 부산과 원산에서 곡식의 해외 수출을 금지한다는 당국의 명령

○ 삼청동 기기창(금융연수원 내에 있음)

우기 위해 노력했다. 그 결과 1883년 6월 평양에서 대동상회가 설립되었고, 장통상회(한양 중촌 상인 설립), 권연국(담배 제조업체), 양춘국(술, 간장, 생산업체), 두병국(두부, 떡 생산업체)

등이 창설되었다. 개화파는 1883년 2월 치도국을 설치해 종로에서 동대문까지의 도로 확장 공사를 추진했으나 수구파의 방해로 중단되었다. 또 화폐 제도를 근대적으로 바꾸기 위해 1883년 5월 전환국을 설치했다. 전환국 창설로 주전소들이 철폐됨으로써 화폐 주조를 국가가 장악하고 통제할 수 있는 여건이 마련되었다.

1881년 김윤식은 영선사*로 유학생와 기술자 60여 명을 데리고 청나라의 천진 조병창에 가서 무기와 기계 제작 기술을 습득하기 위한 사업을 추진했다. 임오년 군인 투쟁으로 김윤식이 귀국할 때도 12마력의 원동기, 각종 공작 기계, 화학 실험 기구들을 사왔으며 중국인 기술자 네 명을 데리고 왔다.

또 통리기무아문을 통해 일본의 총, 포, 군함의 준비 상황을 시찰했다. 이러한 준비 과정을 거쳐 1883년 4월 삼청동 북창에 기기창을 설치하고 신식 무기 제작 사업에 착수했으며 별기군 창설 등 근대적 무장을 갖추고 군사 편제를 갱신하기 위한 활동을 벌였

---

* 조선 고종 때 신문화를 받아들이기 위하여 텐진(天津)에 파견한 사절

다. 이 외에 개화파는 경찰 제도를 근대적으로 개혁하기 위해 노력했다.

◉ 난관에 부딪힌 조선의 개혁 ◉

개화파의 가장 큰 어려움은 막대한 개혁 추진에 필요한 자금이었다. 처음에는 한양과 지방의 큰 상인과 연계해 자금 문제를 풀어보려고 했다. 또 김옥균이 1883년 3월 동남제도 개척사 겸 포경사가 된 것을 계기로 제주도와 울릉도의 목재 채벌과 당시 큰돈을 벌수 있던 고래잡이를 통해 자금을 해결하려고 했다.

1883년 10월 호조참판이 된 김옥균은 국가 자금을 개혁 사업에 이용할 방책을 세우기도 했다. 그러나 이 모든 노력은 민비 일당의 방해와 국가 재정의 고갈, 신흥 자본가의 정치 경제적 취약성으로 실현될 수 없었다.

김옥균은 자금 문제를 풀어보려고 1883년 하반기 일본으로 건너가 일본 외무상 이노우에와 외채 협상을 벌였다. 이노우에는 고종의 국채 위임장만 있으면 300만 원의 외채를 제공하겠다고 약속했다. 김옥균이 국왕의 위임장을 받아오자 이번에는 위임장이 가짜라는 트집을 잡아 외채 제공을 거부했다. 일본 정부와의 차관 교섭은 실패로 끝났고 일본 제1은행에서 20만 원의 차관을 얻기로 했으나 이 또한 일본 정계의 방해로 좌절되었다. 미국 및 프랑스 외교 대표를 통해서도 차관 교섭을 진행했지만 차관을 내줄 리 없었다.

수구파는 개화파를 정부 요직에서 밀어내거나 지방 관직으로 보내는 방식으로 집결하지 못하게 했다. 1883년 3월 김옥균은 동남제도 개척사 겸 포경사로 밀려 내려갔고 개화파의 주요 인물이었던 박영효도 같은 달 한양유수에서 광주유수로 좌천되었다.

개혁을 파탄내려는 국내외의 세력들은 1884년에 들어와 극에 달해 김옥균을 살해함으로써 개혁운동을 말살하려는 음모를 꾸몄다. 김옥균과 주전 문제를 놓고 벌인 논쟁에서 패한 멜렌도르프*는 대놓고 김옥균을 제거해야 한다는 발언을 하기도 했다. 당시 전권대신으로 미국에 다녀온 민영익도 김옥균을 가장 큰 정치적 적수로 간주하고 민태호, 민영목 등과 결탁해 암살 기회를 노렸다. 청나라도 김옥균을 비롯한 개화파에 대한 정치적 압살(壓殺)을 모색했다. 이런 상황을 알고 있던 미국공사 후트가 김옥균에게 활동 중지를 권할 정도였다.

"당신은 나라와 자신을 위하여 잠깐 국내 산천을 유람하든지 상하이나 나가사키 같은 곳에라도 갔다가 수개월 후에 돌아와서 일을 도모하는 것이 좋을 듯하다."

개화파와 수구파의 정치적 대립은 폭발 직전의 시한폭탄 같아 평화적 방법으로는 개혁을 진행할 수 없을 정도로 치달았다. 김옥

---

* 재정고문이자 청나라 입장의 대변인

균은 이러한 사태를 이미 예견한 바 있다.

"나는 지금 없이는 아무것도 할 수 없고, 지금 빈손으로 귀국하면 집권 사대당은 나를 비판하며 궁지에 몰아넣을 것임을 알고 있다. 우리는 심한 타격을 받을 것이며, 개혁안도 없어질 것이며, 조선은 청나라의 속국이 될 수밖에 별 도리가 없다. 우리 당과 사대당은 공존할 수 없기 때문에 최후의 선택을 하게 될지도 모르겠다."
-《후쿠자와 유키지전 3》

☯ 김옥균, 무장에 의한 갑신정변을 결심하다 ☯

수구파의 반대로 평화적 개혁이 벽에 부딪힌 김옥균은 무장 정변이라는 막다른 길밖에 남지 않았다는 것을 직감했다. 그는 그 길을 걷기로 결심했고 개화파는 1884년 봄부터 무장 정변을 본격적으로 준비했다.

임오년 군인 투쟁 이후 외세를 반대하고 부패 타락한 봉건 지배층을 규탄하는 민중의 투쟁은 날로 늘고 있었고, 베트남을 두고 청프전쟁이 발발하자 1884년 4월 한양의 청나라 군대 절반에 달하는 1,500명이 철수함으로써 청나라에 의존하던 수구 세력의 힘이 약화되고 있었다. 7월부터 청나라가 계속 패전하자 청에 의지하던 민비 일당의 동요가 일어났다.

김옥균은 정변 준비에 박차를 가하며 고종을 정변에 끌어들이기 위해 온 힘을 기울였다. 고종은 시류에 따라 청나라와 일본을 옮겨 다니며 왕권을 유지하려고 했는데 김옥균은 그의 마음을 움직여 일시적이나마 개화파의 주장에 동조하도록 하는 데 성공했다.

"경의 마음을 내가 이미 아는 바이니 무릇 국가의 큰일과 위급한 때를 당해서는 모든 것을 경의 주책에 일임할 터이니 경은 조금도 의심하지 말라."
- 《갑신일록》, 1884년 11월 29일

고종은 김옥균의 개혁 의지를 지지했고 국새를 찍은 밀칙까지 내주었다. 이것은 개화파에게 있어서 큰 성과였다.

◉ 갑신정변에 개입한 일본 ◉

일본과 개화파의 관계에 대해 검토해볼 필요가 있다. 김옥균을 친일 세력으로 보는 견해도 있으므로 갑신정변에 대한 역사적 평가와 관련해서 매우 중요한 쟁점이다.

1884년 9월 12일 다케조에가 갑자기 김옥균을 찾아와 추파를 던졌다. 청프전쟁으로 조선에서 청나라 힘이 약해진 틈을 타서 개화파에게 접근해 일본의 영향력을 강화하려는 것이었다. 개화파는 조선을 두고 청나라와 대립하고 있던 일본을 잘 이용하면 근대 개혁을 위한 정변 수행에 활용할 수 있겠다고 판단했다.

하지만 일본을 이용하는 문제는 침략자를 대상으로 하는 것이므로 신중한 문제였다. 김옥균은 일본을 세 차례나 방문해 일본이 절대 조선의 개혁을 지지하지 않는다는 사실을 확신했다.

9월 25일 다케조에는 개화파의 정변에 일본 군대를 출동시키기로 약속하면서 일본 정부의 공식적인 답변을 10월 20일 정기 우편선으로 받기로 했다고 전했다. 그러나 김옥균은 이와 무관하게 정변 날짜를 10월 17일로 결정했다. 다케조에가 정변 날짜를 묻자 김옥균은 '10월 20일'이라고 대답하고 그 이전에는 달이 밝기 때문에 방화에 불리하다고 둘러대며 정확한 거사 날짜를 말해주지 않았다.

또 일본 군대가 정변에 가담해도 왕궁 호위에만 협력하는 것으로 한정하고 정변 수행과 내정 개혁에는 개입하지 않겠다는 약속도 받아냈다. 고종의 호위에 일본군을 쓰려고 한 것은 청나라가 개입해도 일본군을 치지 못한다는 것을 알고 있었기 때문이다. 일본의 힘을 청나라 군대의 방패막이로 삼아 국왕의 안전을 보장하는 정도로만 일본의 역할을 한정한 일종의 이이제이 전술이었다.

◑ 갑신정변의 단행, 새 정부 수립 ◑

1884년(갑신년) 음력 10월 17일 정변의 날이 밝았다. 김옥균은 우정총국 낙성식을 이용해 무장 정변을 일으키기로 계획을 세웠다. 이날 우정총국 낙성식에 참여한 사람은 미국공사 후트, 서기관 스커더, 영국영사 아스톤, 청나라영사 진수당, 서기관 담갱요, 일본 공사 서기관 시마무라, 통역 가와가미 다치이치로, 세관고문인 멜렌도르프 등과 초청 주인인 홍영식, 박영효, 김홍집, 한규직, 민영익, 리조연, 김옥균, 서광범, 민병석, 윤치호, 신락균 등 열여덟 명이었다. 연회는 예정대로 오후 7시에 진행되었다.

정변은 별궁 방화를 신호로 시작하기로 했다. 하지만 예정되었던 별궁 방화가 실패하면서 계획에 차질이 생겼다. 김옥균은 임시 방편으로 우정총국 근처 초가집에 불을 지르라고 명했다. 수구파 요인들이 이상한 기미를 눈치 챌 무렵 밖에서 불길이 솟아올랐다. 화재에 질겁한 한규직이 나가보려는 찰나 민영익이 우정총국 밖에서 행동 대원의 칼에 맞아 피투성이가 된 채로 연회장에 뛰어들었다. 김옥균은 정변이 시작된 이상 물러설 수 없다고 결심하고 계속 진행할 것을 지시했다. 그는 우정총국에서 나와 궁중으로 향했다.

김옥균은 고종을 깨워 지금 청나라 군대가 반란을 일으켜 집에 불을 지르고 사람들을 마구 죽이고 있으니 잠시 자리를 피할 것을 청했다. 민비가 의심쩍어하는 사이 사관 학교 학생과 궁녀들이 통

변의 중심지인 우정총국 중앙 사무소와 부속 건물

º 우정총국 현재 모습

명문 앞에서 준비했던 화약을 터뜨렸다. 폭음 소리에 놀란 고종과 민비는 김옥균이 하자는 대로 따랐다. 김옥균은 국왕 일행을 호위해 계획대로 경우궁으로 거처를 옮겼다.

개화파는 당시 군사권을 장악하고 있던 수구파 3영사인 유재현, 이조연, 한규직을 처단했다. 또 국왕의 이름으로 수구파 우두머리인 민태호, 민영목, 조영하 등을 궁궐로 불러들여 처단했다. 중상을 입은 민영익 이외의 수구파 거물이 모두 처단되자 정변은 승리로 끝나는 듯했다.

개화파는 청나라 군대의 무장 간섭을 막기 위해 핵심 구성원 10여 명에게 왕실의 경비를 담당하게 했고, 개화파 윤경완의 지휘 아래에 있던 50여 명의 전영 군졸을 경우궁 내부에 배치했다. 또 불의의 사태에 대비해 100여 명의 일본군에게 경우궁 바깥문을 지키도록 조처했다.

1884년 10월 18일에는 〈조보〉*에 새 정부 구성을 선포했다. 새 정부는 개화파와 혁신 관리들을 중심으로 조직되었으며 종친들 특히 흥선대원군 사람도 몇 명 끼워놓았다. 김옥균은 근대 개혁에 막대한 자금이 소요되므로 국가 재정 기관인 호조에서 판서가 없는 참판직을 맡았다. 개화파는 시련과 복잡한 정세의 흐름, 생사를 오가는 고비들을 넘으며 무장 정변이라는 근대 개혁의 불길을 지펴 마침내 근대적인 새 정부를 수립하는 데 이르렀다.

---

* 우리나라 최초로 민간에서 발행한 일간 신문

새 정부 구성을 발표한 개화파는 곧바로 새로운 정강 정책을 공
표했는데 이는 근대 개혁을 추구하며 나라의 자주권을 지향하는
내용이었다. 정변 실패 후 개화파의 정강 정책 전문은 역사 기록에
서 말살되었지만 김옥균이 기억에 의존해《갑신일록》에 밝힌 내용
을 살펴보면 다음과 같다.

- 흥선대원군 귀환
- 문벌 폐지, 재능에 따른 등용
- 지조법 개혁
- 내수부 폐지
- 규장각 폐지
- 슌사 제도 설치
- 유배 금고형을 받은 자의 재조사, 면죄, 석방
- 4영을 하나의 영으로 만들고 근위대 설치
- 재정의 호조 통일적 관리
- 대신과 참찬 등은 의정부에서 정사를 토의 결정한 후 왕의 비준
  을 받아 정사를 집행
- 6조의 불필요한 관청 철폐
- 전체 국민 단발
- 청소년 외국 유학생 파견
- 궁내부 설치
- 재래의 관제 폐지, 내각에 6부를 둘 것
- 과거 제도 폐지
- 공채 모집

⊙ 갑신정변의 실패와 교훈 ⊙

갑신정변은 3일 만에 막을 내리고 말았다. 어떻게 된 일일까? 가장 큰 갑신정변의 실패 원인은 당시 청나라와 결탁한 수구 세력의 수장 민비에 있었다. 민비는 자신의 심복인 경기관찰사 심상훈을 청나라 군영으로 보내 정변을 막아달라고 요청했다. 또한 거처가 불편하다는 핑계로 고종을 사주해 개화파의 경비력이 미치지 않는 창덕궁으로 옮기자고 졸라댔다. 예상치 않게 국왕의 거처 문제가 불거지자 개화파는 정변의 골든 타임을 국왕의 거처를 정하는 문제에 낭비함으로써 반개혁 움직임을 막아내는 데 혼선이 생겨버렸다.

일본 역시 약속과 달리 개화파를 배신했다. 일본은 정변을 진정으로 도울 마음이 없었다. 그들은 정변을 도와준다는 핑계로 개화파를 이용해 조정에 친일파를 심는 데만 관심을 두었다. 그런데 막상 김옥균의 정변 진행을 지켜보자 이들이 조선의 자주권을 고수하고 외세의 침략 행위를 허용하지 않으려는 자주적 근대 개혁임을 알게 되었다.

일본은 김옥균의 정변을 무너뜨리기 위해 방해를 놓기 시작했다. 국왕의 거처를 창덕궁으로 옮기는 문제가 제기되었을 때 일본은 민비에게 동조해 개화파를 위험한 지경으로 몰아넣었다. 10월 19일 다케조에는 개화파 정부를 무력으로 치겠다는 청나라의 공문을 핑계로 김옥균에게 한 약속을 저버리고 고종의 호위를 맡고 있던 일본군을 철수시켰다.

10월 19일 청나라 침략군은 원세개를 선두로 하여 궁궐의 동서 양문으로 침입해왔다. 전투는 오후 3시부터 시작되어 어두워질 때까지 계속되었다. 홍영식, 박영교, 신복모 등의 지휘하에 개화파와 병사들은 청나라 침략군에 맞서 용감히 싸웠다.

전투가 벌어지는 동안 민비와 세자, 대왕대비와 왕대비가 궁문을 빠져나가 북산 쪽으로 가고 있었고 고종도 약간의 군사들의 보호를 받으면서 북산으로 향했다. 김옥균, 서광범을 비롯한 개화파는 고종의 어가를 저지시키고 긴급 대책을 토의했으나 고종 일행은 청나라 진영으로 넘어가버렸고 김옥균을 포함한 개화파는 후일을 기약하며 망명길에 올랐다. 홍영식, 박영교, 신복모 등 많은 개화파가 반동 세력에 의해 처형되었고 새 정부는 무너졌다. 이로써 개화파의 정변은 3일 만에 실패로 끝이 났다.

갑신정변은 실패했으나 외세의 침략이 강화되고 봉건 통치 제도가 한층 부패하던 시기에 나라를 구하려 한 애국적이며 진보적인 투쟁의 발자국은 뚜렷이 남았다. 실패한 정변이었으나 그들이 내세운 뜻과 의지는 사라지지 않았다. 개화사상과 갑신정변은 조선이 외세의 침략을 막아내고 낡은 질서의 피폐와 궁핍에서 벗어나려면 어떤 길을 가야 하는지 뚜렷히 보여주었다.

역사에 가정은 없다지만 만일 갑신정변이 실패하지 않았더라면, 민비가 청나라를 끌어들여 갑신정변을 망하게 하지 않았더라면 아마 우리나라는 일본의 식민지로 전락하지 않았을 것이다. 갑신정변은 비록 성공하지 못했지만 조선 민중의 염원이었던 '반외세 반봉건'의 기치를 명확히 들고 우리나라 근대화 운동의 횃불이 되어주었다.

이 횃불을 따라 반외세 근대화 투쟁의 불길은 계속 이어졌다. 갑신정변 정강은 1894년 갑오농민전쟁 때 농민군이 제기한 폐정개혁안과 혁신 관료들이 제기한 개혁안에 발전적으로 반영되었다. 또 1898년 민권운동, 20세기 초 애국문화운동, 반일 의병운동 등 모두가 근대 개혁운동인 갑신정변을 계승 발전시키며 전개되었다.

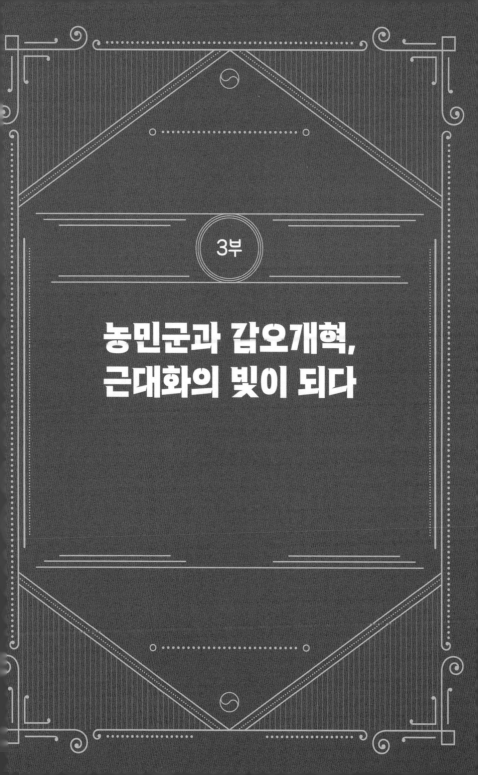

3부

농민군과 갑오개혁,
근대화의 빛이 되다

조선의 봉건 체제를 뒤흔든
농민 혁명

갑신정변 실패 후 되살아난 민비 정권은 김옥균을 비롯한 개화파들은 물론 그들의 가족까지 처형했으며 정변에 가담하지 않았던 어윤중, 김홍집을 비롯한 혁신 관료까지 탄압했다. 사치와 방탕으로 재정이 고갈되자 민비는 조세 수탈 강화, 외세로부터의 차관, 공개적인 매관매직, 화폐의 남발 등 온갖 극악한 방법을 가리지 않았다.

1894년 외국에 걸머진 빚만 해도 무려 70여만 원에 달했다. 일본과 청나라는 조선의 어장을 서로 독점하려 하면서 전화선 가설권도 경쟁적으로 나누어 가졌다. 영국은 1885년 3월부터 2년간 거문도를 강점하는가 하면 러시아는 군사교관을 보내 조선의 군 통수권을 잡으려는 음모를 꾸몄다. 미국도 1882년 조미조약을 강요한 후 정치, 경제, 군사, 문화 등 각 분야에 걸쳐 침략의 지반을 넓혀 나갔다.

1888년 5~6월 한양 백성들은 미국 선교사들이 조선의 어린이를 노예 무역의 대상으로 끌고 가는 만행에 반대 투쟁을 펼쳤고, 1889년 1월에는 한양 상인들이 외국 상인들을 쫓아내기 위한 투쟁을 벌였다. 또한 1890년 남해 어장에 들어온 일본 배를 몰아내기 위해 제주도민 투쟁 등이 이어졌다. 1880년대 중엽부터 1894년 갑오농민전쟁 전야까지 '민란의 시기'라고 할 만큼 농민 봉기가 줄기차게 일어났으며 유랑 농민들의 무장대 투쟁도 꼬리를 물고 곳곳에서 일어났다.

☯ 갑오농민전쟁의 뿌리가 된 동학 ☯

1894년에 일어난 갑오농민전쟁은 우리 농민이 자신의 힘으로 근대 국가를 이루려는 과정에서 일본과의 전면전도 불사한 항전으로, 민중의 자주성과 뜨거운 애국심을 남김없이 보여주는 역사적 쾌거다. 이는 동학난, 동학농민운동, 동학농민혁명 등의 이름으로도 불리고 있다.

갑오농민전쟁은 동학에 대한 탄압에서부터 불이 붙기 시작했지만 동학의 상층부는 투쟁에 참여한 농민의 요구를 제대로 읽지 못했고 투쟁의 정점에서 함께하지도 않았다.

세계 어느 나라에 갑오농민전쟁처럼 농민들의 위대한 투쟁이 있었을까? 조선에서 가장 수탈받고 천대받던 농민이 권력자가 외면하는 나라의 운명을 자신의 운명과 동일시하며 장렬하게 싸울 수 있다니. 농민의 애국적인 투쟁을 조국을 지키는 동력으로 보지 못하고 오히려 짓밟아버린 조선의 집권자를 보면서 안타까움을 표현할 길이 없다.

☯ 동학의 발생과 전파 ☯

동학이란 서학, 즉 가톨릭교에 대치시켜 조선의 신앙과 철학임을 강조하기 위해 붙인 이름으로, 조선 사람은 외국에서 들여온 교리가 아니라 자기 사상을 가지고 살아야 한다는 시대적 요구를 반영해 1860년대에 생겨났다.

동학의 기본 사상은 최제우가 저술한《용담가》,《교훈가》,《안심가》등을 통해 알 수 있는데 봉건을 반대하고 외세를 배격하는 교리가 주를 이룬다. '미래 사회에서는 피압박 대중이 복을 누리고 압박자들이 몰락할 것'이라는 내용을 보면 봉건 지배층에 반대하는 농민의 이해관계가 표현되어있다. 동학은 봉건 지배층의 악정과 외세 침략으로 조성된 계급적 민족적 위기에서 벗어나려는 민중의 염원을 반영했기 때문에 처음부터 농민들에게 빠르게 전파되었다.

최제우가 포교를 시작한 2년 후인 1862년에는 접주*제를 두어 교도들을 조직에 묶어 세우기 시작했고, 동학 발생지 경주에서는 "동학 교리를 외우는 소리가 들려오지 않는 날이 없었으며 장사하는 아낙네들과 나무하는 아이들 가운데서 교문을 외우지 않는 자들이 없다."고 할 정도로 경상도는 물론 충청도, 전라도, 경기도까지 영향을 미쳤다.

조선 정부는 동학이 확대되는 것을 막기 위해 1863년 12월 동학 창시자 최제우를 체포해 학살하고 대대적으로 탄압했지만 2대 교주 최시형에 의해 오히려 교세가 확장되었다. 최시형은 교세 확장에서 포교가 갖는 중요성을 인식하고 1883년 충청도 목천군에서 동학의 교리를 집대성한《동경대전》과《용담유사》를 발행해 적극적인 포교 활동을 벌였다.

그는 "우리 도를 깨달을 사람은 호미를 들고 지게를 지고 다니는 사람들 속에서 많이 나오리라. 부유한 사람과 귀한 사람과 글을 잘 아는 사람은 도를 통하기 어렵다."라면서 가난한 농민들을 대상으로 포교했으며 '빈부귀천', '적서차별'을 반대하는 구호를 들었다.

1880년대 말 동학교도는 전국으로 퍼져나갔고 수십만 명으로 확대되었다. 교세가 확장되자 최시형은 접주제를 확대해 포를 단위로 하는 동학 조직 체계를 만들고 동학의 창시자 최제우의 명예를 회복하고 동학의 합법성을 쟁취하기 위한 교조신원운동을 시작했다.

---

* 동학의 교구 또는 집합소의 우두머리

최시형은 1892년 11월 1일 수천 명이 모인 삼례 집회에서 전라감사 이경식에게 교조 신원과 동학 탄압을 금지해달라는 청원서를 제출했다. 집회 군중의 투쟁 기세에 놀란 전라감사와 충청감사는 11월 9일 동학 금지를 구실로 감행했던 농민들의 재산 약탈 행위를 금지하는 공문을 각 고을에 보냈다.

최시형은 정부의 답변을 듣고 집회 해산을 선포했지만 정부는 약속을 뒤엎고 탄압을 강화했다. 그러자 동학교도들은 다시 국왕에게 항의할 기세를 보이면서 충청도 보은으로 모여들기 시작했다. 예상 밖으로 동학 군중이 몰려들자 최시형은 대중 투쟁이 아닌 소수가 청원하는 방법으로 합법성을 보장받기 위해 1893년 3월 40여 명으로 구성된 상소단을 한양으로 파견했다.

이때도 정부는 '해산하면 원하는 것을 해주겠다'고 해놓고 상소단이 동학 군중을 해산시키자 다시 '상소단 우두머리를 처형하고 동학 집회가 열리면 해당 지방관을 처벌하겠다'는 강경책을 발표했다. 그리고 동학을 막지 못했다는 이유로 한양판윤과 전라감사를 처벌했다.

☯ 중하층 동학도들의 반봉건 반외세 투쟁 ☯

동학의 중하층은 대부분 농민이었으며 대개는 동학에 의지해 생존권을 보장받으려고 들어섰다. 따라서 교조신원운동이나 상소 투쟁으로는 중하층 동학도들의 마음을 사로잡기 힘들었다.

1893년 2월 13일부터 그들은 생존권을 지키기 위해 독자적인 투쟁을 벌이기 시작했다. 최시형의 상소단과 별도로 한양에 올라온 동학 중하층 농민들은 외세 침략자들이 공사관, 교회당, 학교, 살림집 등을 세워 놓고 주인 행세를 하는 것을 보고 각성하기 시작했다.

그들은 3월 2일에 일본 공사관 담벼락에 '일본 사인들은 보아라'라는 제목의 격문을 써 붙여 일본의 조선 침략 행위를 규탄하고 일본으로 물러갈 것을 촉구했다. 그러자 미국, 영국, 일본의 공사가 조선 정부에 항의했고 항의를 받은 조선 정부는 동학도 투쟁을 무력으로 진압할 계획을 세웠다. 이처럼 외세의 압력으로 조선 정부는 농민 투쟁을 탄압하기 시작했다.

그러자 농민들은 충청도 보은으로 다시 몰려들기 시작했다. 상소단의 실패로 위축되었던 동학 상층은 농민의 투쟁 기세에 힘을 얻어 1893년 3월 10일에 보은 집회를 개최하겠다고 선포했다. 3월 10일 집회에 참여하려고 보은으로 몰려든 2만여 명의 농민은 반봉건, 반외세 구호를 들고 투쟁하기 시작했다.

그들은 통문을 돌려 '척왜양창의(斥倭洋倡義, 일본과 서양 세력을 배척하여 의병을 일으킨다)'라고 쓴 깃발을 내걸고 집회 장소에 돌을 쌓아 관군의 공격에 대처할 준비를 하면서 기세를 올렸다. 관이 해산을 요구하자 "어떤 무기도 휴대하지 않았으니 민회이다. 일찍이 여러 나라에서는 조정의 법에 잘못된 것이 있으면 모여서 토의 결정하는 민회가 있다고 들었다. 어찌 비적의 무리라고 할 수 있겠는가."라고 당당히 주장했다.

집회 군중은 통문을 발표해 지배 세력의 부패상을 폭로하고 각 계각층의 사람들을 투쟁으로 불러일으켰다. 투쟁에 참가하는 사람이 계속 늘어나 3월 25일경에는 무려 7만여 명에 달했으며 몽둥이를 준비하면서 탄압에 대항할 준비를 해나갔다. 정부가 보낸 어윤중이 3월 26일 집회 장소에 나타나 왕의 칙유문을 읽고 해산을 명했지만 외세 침략자에게서 나라를 지켜낼 생각은 하지 않고 오히려 집회를 탄압하는 봉건 지배층의 행동을 규탄하고 해산을 거부했다.

고종은 3월 29일 통위영과 장위영의 군사 1,400명을 토벌군으로 꾸려 청주와 보은에 파견했고, 3월 30일 다시 어윤중을 보내 해산 명령문을 전달하고 사흘 안으로 집회를 해산하라고 명령했다. 그러나 집회 군중은 외세 침략자의 소굴이 되어버린 한양의 모습을 규탄하고 나라의 군사와 힘을 합쳐 외세 침략자들을 물리치고 탐관오리를 강력히 처벌할 것을 요구했다.

이때 다시 동학 상층에서 비열한 움직임이 시작되었다. 한때 폭력 투쟁까지 주장했던 서병학은 어윤중을 찾아가 집회 경위를 밀고하고 "호남 지방에서 온 무리들을 눈여겨 살펴보라. … 통문이나 방문을 낸 것은 다 그들이 한 짓이다. … 이 무리들과 혼동하지 말 것을 바란다."라고 했다. 최시형, 서병학 등은 정부군의 토벌 소식이 전해지자 4월 2일 밤에 달아났다. 동학 하층은 상층이 자신들을 배반하고 도망치고 정부군이 강압적으로 탄압하자 4월 3일 집회를 해산하지 않을 수 없었다.

반봉건 · 반외세 투쟁
갑오농민전쟁

◑ 전봉준을 중심으로 한 정치 세력 형성 ◑

교조신원운동 실패 이후 민중의 지향과 요구를 제대로 담은 투쟁 구호를 들고 농민들을 재조직하려는 새로운 정치 세력이 출현했다. 전봉준, 김개남, 손화중, 김덕명 등 동학 중하층을 대변한 정치 세력이다. 이 중심에 있던 전봉준은 기울어져 가는 나라를 구원하고 외세 침략으로 도탄에 빠진 백성을 구원할 큰 뜻을 품고 있었다. 그는 1880년대 말 동학을 이용해 자기의 뜻을 펼쳐보려고 동학에 들어가 정치적 기반을 구축해나갔다.

동학의 말단인 접주에 지나지 않았던 전봉준이 농민군의 총지휘관이 될 수 있었던 비결은 무엇일까? 동학 상층의 종교적 운동과는 다른 사회적 변혁을 지향하는 새로운 정치 세력을 구축해 주도적 역할을 했기 때문이다. 그는 동학이라는 종교 지도자가 아니라 농민전쟁의 지도자였고, 그가 벌인 전쟁은 종교전쟁이 아니라 농민전쟁이었다. 전봉준은 체포된 이후 무슨 목적으로 봉기를 일으켰느냐는 심문에 다음과 같이 답했다.

"세상일이 날로 잘못되어갔기 때문에 한번 일어나 세상을 건지려는 목적이었다."

본격적인 농민전쟁의 단계에서는 이와 같이 말했다.

"접주는 모두 동학이었지만 농민군은 충의지심이 있는 사람이 많았다."

1894년에 일어난 갑오농민전쟁은 고부 농민 봉기를 계기로 일어났고, 그 봉기의 직접적 원인은 고부군수 조병갑의 가혹한 수탈 때문이었다. 1893년 고부 지역에 큰 가뭄이 발생하자 조병갑은 북쪽 네 개 면의 세금을 삭감해주고 그 몫을 남쪽의 여러 면에 부과해 강제로 빼앗았다. 그리고 북쪽 지역 농민들에게도 세금 삭감의 대가로 국가 조세의 세 배에 달하는 돈을 부과했다. 또 만석보를 수리한다는 명목으로 농민을 강제 동원하고 물세로 논 한 마지기에 쌀 두 말, 나쁜 논 한 마지기에 쌀 한 말씩 도합 700여 석을 빼앗는 악행을 저질렀다.

민중의 분노는 폭발해 11월과 12월 전봉준의 아버지 전창혁의 주도하에 수십 명의 농민이 고부 관청으로 몰려가 조병갑의 폭정에 항의했다. 그러나 조병갑은 전창혁을 처형하는 만행을 저질렀다.

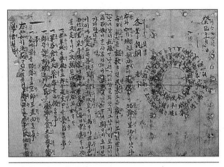

◦ 전봉준이 돌린 사발통문

　전봉준은 여러 곳에 사발통문을 띄우고 고부 농민 1,000여 명
과 함께 1894년 1월 10일 새벽 고부읍으로 쳐들어가 관청을 점령
해 관리들을 잡아 가두고 감옥문을 열어 민중들을 석방시켰다. 또
불법으로 약탈해간 세곡을 빈민들에게 나눠주고 세금 징수의 빌
미가 되었던 만석보의 새 보를 허물었다. 조병갑은 놓쳤지만 무기
고를 열어 무장을 했고 투쟁 열흘 남짓 만인 1월 22일 일단의 승리
로 막을 내렸다.

　사태의 심각성을 깨닫게 된 정부는 조병갑을 파직시켰다. 그러
고는 그 후임으로 박원명을 임명하고, 이용태를 안핵사로 파견해
회유와 기만으로 농민들을 무장 해제시키려고 했다.

　일단 고부군에 온 신임 군수 박원명이 주민을 회유했다.

　"나라에서 난을 일으킨 죄를 용서하고 생업에 돌아갈 것을 허락
하였으니 집으로 돌아가 잘못된 징치에 대해서는 보고하라."

　신임 군수의 술수에 넘어간 농민들이 투쟁을 중단하고 집으로

돌아가자 농민 봉기가 해산된 2월 말 안핵사 이용태가 수백 명의
병졸을 거느리고 고부에 나타나 무고한 농민들을 모두 동학당이라
면서 체포하고 집을 불태웠다. 본인이 없으면 가족들을 학살했다.

농민들은 전봉준을 중심으로 새로운 투쟁을 준비했으며 점차
전라도 일대가 들끓기 시작했다.

☯ 농민전쟁의 선포와 전주성 점령 ☯

전봉준은 농민들을 불러일으키기 위해 3월 초 통문을 돌려 '나
라를 보호하며 백성을 편안하게 한다는 보국안민과 폐정 개혁을
위해 일어설 것'을 호소하는 창의문을 발표했다. 그러자 각 지역 농
민군이 발빠르게 움직여 무기를 갖추고 집결하기 시작했다. 수천
명의 농민들은 다음과 같은 노래를 불렀다.

가보세 가보세
을미적 을미적
병신 되면 못 가보리

이 노래는 '갑오년에 일을 성사시켜야지 우물쭈물하면서 1896년
까지 지속시키면 결국 실패해 목적을 이룰 수 없다'라는 뜻으로 농
민군의 마음을 생생하게 보여주고 있다.

농민군은 3월 20일 고부 관청에 들이쳐 안핵사 이용태를 몰아내고 고부를 장악한 후 사흘 동안 머물면서 무장을 갖추었다. 3월 24일 전봉준은 전라도 각지에서 모여든 8,000명의 농민군을 이끌고 4,000여 석의 쌀이 있는 고부 백산 창고로 향했다. 백산에는 전봉준 부대 외에 손화중, 김개남, 김덕명의 농민군이 모여들었다.

◦ 전봉준

백산을 근거지로 정한 전봉준은 농민군 지휘부로 호남창의대장소를 설치한 다음 민중에게 투쟁을 호소하는 격문을 발표했다. 3월 25일에는 사람을 함부로 죽이지 말고 가축을 도살하지 말 것, 효성과 충성을 다해 세상을 구원하고 백성들을 편하게 할 것, 왜놈과 서양 오랑캐를 몰아내고 나라의 정치를 바로잡을 것, 군사를 몰아 한양으로 쳐들어가 특권 양반을 없애 치울 것 등의 행동 강령을 발표했다.

백산에서 전쟁을 선포한 농민군은 3월 말, 전주를 향해 공격을 개시했다. 3월 28일 태인현 관아를 습격해 무기를 탈취했고, 4월 1일에는 전주에서 30리 떨어진 금구현 원평까지 진격했다.

전라감사는 정부에 지원을 요청하고 향병과 보부상을 모아 방

○ 백산에 모여 투쟁을 결의하는 농민군

○ 부안 백산면 용계리 동학혁명 백산창의비

어 태세를 갖추었다. 정부는 4월 2일 전라병사였던 홍계훈을 양호 초토사로 임명해 장위영의 군사들을 이끌고 농민군을 진압하도 록 했다.

중앙군은 4월 6일 군산포에 상륙했다. 토벌군이 전라도에 내려 온다는 소식이 들리자 전라감사는 감영군과 향병 보부상으로 농민 군 진압을 시작했다. 4월 3일 전라 감영군이 금구에 나타난 후 농 민군은 금구에서 일단 철수하고 다음 날 부안 관청을 점령했다. 이 날 농민군은 영광과 법성포에 통문을 띄워 그 지역 농민들과 합세 해 양곡 운반을 맡아보는 전운소를 일제히 공격했다.

농민군은 전라 감영군을 섬멸하기 위해 4월 6일 고부로 이동했 으며 황토현에서 전투가 벌어졌다. 여기서 농민군은 800여 명의 관군을 살상하고 600여 정의 무기를 노획하는 전과를 거두었다.

농민군은 홍계훈과 중앙 정부군이 전주성에 들어왔다는 정보를 입수하자 역량을 더욱 강화했다. 그리고 전투 경험을 쌓기 위해 전 주 공격을 미루고 남진하는 방략을 취했다. 농민군은 4월 7일 저 녁 정읍을 습격했으며, 4월 8일에는 흥덕, 무장(지금의 고창)을 점령 했다. 그 사이 수천 명에 불과했던 농민군이 1만여 명으로 불어났 다. 4월 13일에는 영광을 습격한 후 부대를 세 개로 나누어 함평 과 부안으로 진격해 악질 관리를 처단하고 무기를 빼앗아 무장을 갖추었다.

이에 반해 홍계훈의 정부군은 처음부터 사기가 엉망이었다. 군 산에서 전주로 이동하는 사이에 탈주자가 속출해 800명이었던 정

○ 전주성 남문

부군이 470명으로 줄어들었다. 농민군이 홍계훈에게 편지를 보내 악질 관리의 죄행을 폭로하자 홍계훈은 싸움도 해보지 않고 정부에 증원을 요청했고, 전주성에 틀어박혀 있다가 증원병이 온다는 소식을 들은 4월 18일에서야 전주에서 나와 농민군을 추격하기 시작했다. 4월 21일 농민군이 장성으로 떠났다는 정보를 입수한 홍계훈은 장위영대관 이학승에게 300명의 군사와 대포를 지원받아 농민군을 추격하도록 했다. 그러나 4월 23일 장성 황룡촌전투에서도 정부군은 농민군에게 격파당하고 말았다.

황룡촌전투에서 승리한 후 농민군은 다시 북상해 4월 27일 전주성을 공격했다. 전주 감영의 군대는 농민군과의 대결에서 이미 괴멸했으며 홍계훈은 아직 금구에 있었고 중앙 정부군 1,000여 명

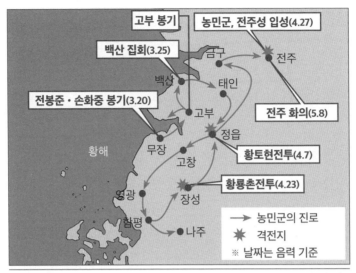

고부 봉기

백산 집회(3.25)

전봉준·손화중 봉기(3.20)

농민군, 전주성 입성(4.27)

전주 화의(5.8)

황토현전투(4.7)

황룡촌전투(4.23)

금구

전주

백산

태인

고부

정읍

무장

고창

황해

영광

장성

함평

나주

→ 농민군의 진로

✸ 격전지

※ 날짜는 음력 기준

◦ 농민군의 봉기와 전투 일정 및 경로

도 도착하지 못했으므로 전주성은 사실상 비어있는 것과 다름없었다. 농민군의 전주성 공격이 시작되자 전주 감영에 남아있던 관리들은 농민군의 기세에 눌려 모조리 도망치고 말았다. 전주성을 점령한 전봉준은 지휘처를 선화당에 정하고 성의 방비를 강화하면서 악질 관리와 부호들을 징벌하고 재산을 몰수해 빈민들을 구제했다.

☯ 농민전쟁의 전국적 확산 ☯

농민군은 충청도의 문의, 옥천, 회덕, 진잠, 청산, 보은, 목촌 등지를 점령했다. 이 지역은 최시형의 영향력이 강해서 다른 지역과 달리 양반과 일부 탐관오리들을 처형하지 않았다. 그 결과 이들의 이중적인 태도로 인해 농민군은 정부군의 반격을 받았고 자신들의 의지를 펼칠 기회도 없이 해산당하는 비운을 맞이했다. 경상도 농민군은 전라도 농민군이 전주성을 함락했다는 소식을 듣고 한두 달 만에 경상도 각 지역을 지배하는 강력한 세력으로 성장했다.

황해도는 개항 이후에 꾸준히 농민항쟁이 일어났던 지역이다. 특히 황주에서는 1894년 1월에도 농민항쟁이 일어났다. 동학에 대해 관의 통제가 심했던 황해도 농민군은 봉건적 폐단에 대한 개혁과 함께 동학에 대한 신앙 허용을 요구하며 농민 항쟁에 참여했다.

강원도는 2차 농민 봉기가 본격화되기 전인 8월 중순부터 활동하기 시작했으며 9월 4일에는 강릉부를 점령했다. 강원도 농민군의 활동은 반봉건 투쟁의 성격이 더 강했지만 농민전쟁의 큰 흐름에 합류하는 과정에서 일본군의 토벌에 대항하면서 자연스럽게 일본에 대한 저항 의식이 만들어졌다.

◑ 청나라 원병과 일본군의 조선 상륙 ◐

조선 정부는 전주성이 함락되었다는 소식을 듣자마자 바로 청나라에 원병을 요청했다. 조선의 요청을 받은 청나라는 일본에 이를 통보하고 군사 1,500여 명을 5월 5일부터 9일 사이에 충청도 아산으로 보냈다.

　한편 1890년대에 들어와 조선에서 청나라 세력을 몰아낼 전쟁 준비를 이미 끝낸 일본은 농민전쟁이 일어나자 주변 정세를 탐지하는 한편 군대를 파견할 준비를 서둘렀다. 일본은 청나라로부터 출병 통보를 받기 전인 4월 29일 이미 일본군의 조선 출병을 결정했고, 5월 2일에 대본영을 설치해 히로시마의 제5사단에 동원령을 내렸다. 5월 6일에는 일본공사 오토리에게 450명의 특전대를 거느리고 한양에 침입하도록 했으며, 5,000여 명의 혼성여단이 인천과 한양 일대를 점령했다.

　일본은 청나라 군대가 조선에 들어온다는 정보를 입수한 후 일본 거류민 보호를 구실로 6월 초까지 인천과 부산을 비롯해 총 1만여 명의 군대를 조선에 파견했다.

　일본군의 인천 상륙에 놀란 조선 정부는 다음 날 일본 군대 출병 중지를 강력히 요구했다. 그러나 일본 정부는 거류민 보호라는 출병의 정당성을 강변했으며 또 임오년 군인 투쟁 이후 맺은 천진 조약을 빙자해 청나라 군대가 출병했기 때문에 일본군도 출병해야 한다고 주장했다.

◐ 전주 화의와 집강소 설치 ◐

　뒤늦게 사태의 심각성을 깨달은 조선 정부는 청일 양군을 철수시키기 위해 농민군과의 타협을 모색했다. 농민군은 처음에는 정부에서 제기한 화의를 거부했지만 외세 침략으로 발생한 민족적 위기를 자각하고 정부가 폐정 개혁을 약속한 조건에서 화의를 맺기로 결심했다.

전봉준은 5월 3일 홍계훈에게 농민들의 요구가 담긴 폐정 개혁안을 제기했다. 그는 봉건 지배층의 외세 의존 정책으로 청나라와 일본 군대가 한반도에 들어와 민족적 위기가 조성되었다고 보고 이를 해결하려면 전주성을 내주어야 한다고 판단했다. 민족적 위기를 하루빨리 타개하려는 농민군의 애국적 입장과 농민군을 일단 해산시킴으로써 숨 돌릴 시간을 얻으려는 봉건 지배층 사이에 일시적 화의가 성립되었고 전봉준은 5월 8일 전주성에서 철수했다.

농민군이 정부에 요구한 폐정 개혁안은 27개조로 되어있다고 하는데 알려진 것은 14개조뿐이다. 폐정 개혁안에는 민중을 억압 착취하던 악질 관리를 직위 해제하고 외세에 굴종하면서 나라의 자주권을 농락한 부패한 봉건 통치자들을 축출하라는 내용이 담겨 있었다. 또 가혹한 조세 제도 개혁도 촉구했다. 폐정 개혁안은 정부에 전달되었으며 정부는 교정청의 토의를 거쳐 정부 개혁안에 농민들의 요구 조건을 반영했다. 농민군은 폭력으로 투쟁을 진압하려던 정부를 제압하고 일시적이나마 자신들의 요구를 관철하는 쾌거를 이룩했다.

전주에서 나온 농민군은 각지로 흩어져서 대오를 유지했다. 전봉준 부대는 금구, 원평, 순창, 옥과에, 김개남 부대는 남원에 자리

。 농민군이 폐정 개혁을 실시했던 집강소

잡았다. 김덕명, 손화중, 최경선, 김화여 등도 다른 지역에서 부대를 유지했다. 농민군은 군사 행동은 중지했지만 농민 대표기관으로서 집강소*를 설치하고 폐정 개혁을 실천하기 위한 활동을 펼쳤다.

전봉준은 전라도 일대의 통치 기능이 마비된 상태에서 자체 행정권을 행사했다. 관군을 군사적으로 제압하는 한편 백성의 원한을 풀어주고 악질 양반 토호와 부자들의 재산을 빼앗아 농민들에게 나누어 주었다. 전라감사 김학진은 폐정을 개혁해 농민군을 박해하지 말고 요구 사항을 관청에 제출하라는 내용의 효유문을 거듭 발표해 위기를 모면하려 했다. 전봉준에게 감사 집무실 선화당

---

* 집강소는 본래 전주 화의 조항 실행을 위해 봉건 정부의 지방 관청들을 '협조'할 목적으로 설치한 깃이었으나 후에 농민군의 투쟁에 겁먹은 전라도의 지방 관리들이 도망치자 농민군의 지방 자치 기관의 기능을 수행했다. 집강소에는 한 명의 집강과 그를 보좌하는 약간 명의 의사원이 있었고 집강 밑에는 서기, 성찰 등이 있어 해당 부서의 실무를 처리했다.

까지 내주고 자기는 부속 건물 등청각을 쓰는 호의도 베풀었다. 또 7월 초 관하 고을에 공문을 띄워 농민군의 집강소와 협력해 폐정을 개혁할 것을 지시했다.

전라감사에게서 집강소 설치의 합법성을 부여받은 농민군은 전라도의 통치 체계가 마비된 기회를 이용해 집강소를 세우고 정치 개혁을 시작했다. 집강소는 관청과 나란히 존재했으나 실제적 지방 행정권을 행사하면서 독자적 기능을 수행했다. 집강소를 설치하는 문제는 비록 전라도감사의 공문이 있기는 했지만 기존 지방 통치 기관이나 양반들의 반발도 컸기 때문에 결국 농민들이 투쟁을 통해 세울 수밖에 없었다.

갑오농민전쟁은 집강소를 통해 농민들의 요구가 일시적으로나마 실현되었으며 지방 민중들이 단합된 힘으로 싸우면 어떤 적도 물리치고 염원을 실현할 수 있다는 믿음을 주었다는 점에서 역사적 의의가 크다. 또 봉건 제도를 밑뿌리부터 뒤흔들어놓음으로써 근대화를 향한 민족운동 발전에 유리한 조건을 만들어주었다.

하지만 당시 농민군이 제기한 폐정 개혁안은 근본적인 한계를 갖고 있었다. 썩어빠진 봉건제를 완전히 부정하고 근대화를 이루기 위한 근본적인 정치적 요구를 제기하지는 못했기 때문이다. 토지 문제에서도 균등 경작을 제기했을 뿐 봉건적 토지 소유 제도 자체를 철폐하고 농민에게 토지를 분배하는 문제를 제기하지 못했다.

이러한 한계에도 불구하고 집강소를 세우고 폐정 개혁안을 실현해나가는 투쟁을 통해 농민들이 역사의 주역으로 등장했으며 스스로의 힘으로 봉건적 질곡을 벗어던지고 반외세 근대화의 길을 걸어 나갔다는 점에서 갑오농민전쟁은 역사적 의미가 지대하다. 자체의 힘으로 민족의 운명을 개척해나가려는 이러한 정신은 향후 항일 민족 해방 투쟁의 정신으로 승화되었다.

일본군과 농민군의 전면전

  농민군이 전주 화의에 응한 것은 일본군의 출병 구실을 없애기 위한 목적이었지만 주변 정세는 농민군의 기대와는 다른 방향으로 흘러갔다.

  일본은 출병 구실은 없어졌음에도 철수하기는커녕 조선의 내정을 간섭하기 시작했다. 청일전쟁에 조선의 인력과 물자를 동원할 수 있는 여건을 만들기 위해서였다. 일본은 청의 영향력을 뿌리뽑지 않고서는 조선을 독차지할 수 없다고 판단해 몇 년 전부터 청일전쟁을 치밀하게 준비해왔다. 1886년 대청 작전을 계획해 1894년 6월 육군을 13만 명으로 확장하고 해군 확장 7개년 계획도 추진했다.

  일본은 조선이 자신들의 내정 개혁 요구에 응하지 않자 1894년

6월 21일 경복궁을 습격해 고종과 민비를 연금했다. 친청 세력인 민비를 밀어내고 임오년 군인 투쟁 이후 청나라에 연금된 흥선대원군을 섭정으로 임명해 반청 정권을 세우려고 했다. 그러나 조선의 새 정부는 갑오개혁을 진행함으로써 일본의 의도에서 점점 멀어지는 듯했다.

일본은 바로 청일전쟁을 개시했다. 1894년 6월 23일 아산만 풍도 앞바다에서 청나라 수송선을 격침시켰고, 6월 27일 성환에 주둔해있던 청나라군을 공격했다. 선전 포고도 하지 않은 일방적 공격이었다. 일본은 7월 1일이 되어서야 청나라에 선전 포고했다.

청일전쟁을 우리와 상관없는 일처럼 여기는데 청일전쟁은 우리 땅에서 일본과 청나라가 벌인 전쟁이며, 일본은 전쟁 수행에 필요한 모든 인적 물적 자원을 우리에게서 약탈해갔다.

◉ 전봉준의 2차 봉기 계획 ◉

전라도 각지에 주둔하고 있던 농민군은 일본의 침략이 격화되자 다시 투쟁에 나섰다. 조선의 지배층은 농민군과 함께 일본군을 몰아내기는커녕 일신의 안일만을 앞세워 오히려 전주 화의를 뒤집고 농민군을 탄압했다. 10월 27일에는 정부군 1,600명을 공주로 보내기도 했다. 나라를 팔아먹고 민족을 배신하는 정부의 행동에 농민과 민중들은 격분했다.

◦ 청일전쟁

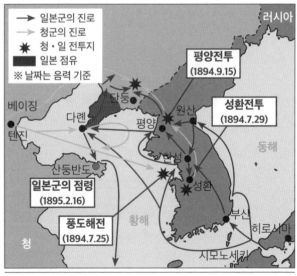

◦ 청일전쟁 일정 및 전투지

전봉준은 9월 중순 삼례에서 일본 침략에 대항하자는 격문을 발표했다. 전봉준이 삼례에서 지핀 투쟁의 불길은 충청도, 경상도, 황해도, 강원도로 확대되었으며 애국적 성향을 지닌 양반과 유생, 군인들도 참가했다. 충청도 동학 지도부인 최시형도 사회 정세와 농민들의 투쟁 기세를 보고 전라도 농민군과 합세할 것을 승낙했다.

구국 항쟁의 불길은 전국을 휩쓸었다. 전봉준은 논산에서 충청도 농민군과 연합해 일본군과 정부군으로 구성된 진압군이 주둔하고 있는 공주를 점령한 다음 금강을 넘어 한양으로 진격할 계획을 세웠다. 그는 한양으로 진격하는 본대 외에 후방에도 농민군을 배치해 진압군의 배후 공격을 막도록 했다. 북쪽으로는 3,000명의 농민군이 목천 세성산으로 진격해 진압군의 공격을 제압했다. 그후 공주의 유구 방면으로 진출해 공주성을 포위하고 진압군의 지원을 차단하도록 했다. 남쪽으로는 1만 명의 농민군이 순천 등지에 주둔하면서 일본군의 해안 상륙을 막도록 했다. 손화중이 지휘하는 7,000명은 광주와 나주 일대에서 진압군의 배후 공격을 차단할 계획이었다. 김개남의 농민군 8,000명은 농민군 주력 부대를 뒤따라 북상하면서 후원을 맡도록 했다.

☉ 일본군의 농민군 진압 계획 ☉

일본군은 평양전투에서 청나라를 격파한 이후 아직 전쟁 중인

데도 적극적으로 농민군 토벌에 나섰다. 9월 중순 농민군이 다시 궐기해 한양으로 올라온다는 소식이 전해지자 그들은 공포에 휩싸였다. 조선에 새로 부임한 이노우에 일본공사는 농민군을 진압할 부대를 파견해달라고 일본 대본영에 요청했다.

특히 흥선대원군이 농민군과 결탁하려 한다는 첩보가 입수되자 일본은 농민군의 주력을 하루빨리 괴멸시켜야 했다. 일본 후비보병 제19대대가 농민군 진압이라는 특수 임무를 부여받고 조선에 들어왔다.

화력을 대대적으로 보강한 일본은 논산에 집결한 농민군이 전투 행동을 시작하기 전에 농민군의 주력을 몰살시킬 계획이었다. 일본군은 남부 지방의 농민군이 경기도, 강원도의 농민군과 연합하는 것을 가로막는 동시에 삼남 지방의 농민군 주력을 진압하는 데 집중했다. 제19대대는 경상도, 충청도, 전라도의 세 방향으로 갈라져 농민군 탄압에 나섰다. 순천 앞바다에는 두 척의 군함까지 띄워놓았다. 농민군이 바다를 이용해 진격하는 것을 막기 위해서였다.

☻ 일본군을 패주시킨 이인전투 ☻

전봉준의 본대는 충청도 농민군과 연합하기 위해 논산으로 진격했다. 당시 논산에 모인 농민군은 전라도 농민군 16만 7,000명,

충청도 농민군 6만 명으로 도합 22만 7,000명에 달했다.

전봉준은 10월 12일 논산에서 일본을 쫓아내자는 호소문을 발표하고 10월 16일에는 충청감사 박제순에게 나라를 위한 싸움에서 마음을 합칠 것을 호소하는 격문을 보냈다. 농민군의 애국적 호소는 정부의 일부 하급 관리와 유생들을 구국 투쟁에 나서게 했다. 공주에서 수천 명을 모아 농민군 탄압에 나섰던 이유상과 여산 부사 김윤식 또한 농민군에 합세했다.

논산에 집결한 농민군은 공주로 진격했고 10월 23일에는 공주에서 30리 떨어진 경천을 점령했다. 같은 날 일본군 100여 명과 정부군으로 구성된 진압군은 농민군의 공주 진격을 막기 위해 이인에 있던 농민군 진지를 불시에 공격했지만 농민군은 유리한 고지를 장악하고 진압군에게 집중 사격을 퍼부었다. 이인전투에서 진압군은 120여 명이 죽고 300여 명이 부상을 입었다. 전봉준의 농민군은 다음 날 공주 감영의 뒷산인 봉황산을 포위했다. 손병희가 지휘하는 충청도 농민군은 무너미고개를 넘어 효포로 진격해 진압군을 패주시켰다. 10월 24일 농민군은 공주를 완전 포위했다.

◎ 목천 세성산전투 ◎

공주로 진격하려는 농민군과 이를 저지하려는 진압군과의 전투는 목천 세성산에서 시작되었다. 목천은 한양 진격의 길목이었으며 진압군의 증원을 막기 위해서도 매우 중요했다. 10월 21일 진압군이 세성산에 주둔하고 있던 농민군을 불시에 공격했다.

세성산은 지세가 험해 동, 남, 북 세 면이 거의 절벽이었고 서쪽 면만 경사가 완만한 수림 지대여서 농민군은 서쪽 일대만 방어하고 있었다. 이 점을 간파한 진압군은 동북쪽과 동남쪽에서 불시에 공격해 농민군을 북쪽으로 몰아내고 북쪽 암벽 사이에 매복해서 기관총 사격을 퍼부었다. 농민군은 수백 명의 사상자를 내고 패했으나 전봉준은 공주 공격을 포기하지 않았다.

10월 25일 일본군은 우금치, 금학동, 효포동, 탑교, 추봉 및 동쪽 산성에 방어선을 펴고 공격을 시도했다. 이에 농민군은 세 방향에서 성난 파도처럼 공주의 산과 들을 뒤덮으며 공주를 향해 공격했다. 해질 때까지 계속된 싸움에서 승부가 나지 않자 전봉준은 출발 지점인 경천점으로 후퇴해 김개남 부대를 불러들이고 농민군의 전투 사기를 높여주기 위해 여러 가지 조치를 취했다. 진압군도 농민군 주력을 섬멸하기 위해 11월 3일부터 무너미고개와 이인에 제1방어선을 구축하고 공주 일대에 제2방어선을 형성했다.

☯ 농민군의 해산과 전봉준의 순국 ☯

농민군의 2차 공주 공격은 11월 8일부터 시작되었다. 농민군은 무너미고개를 지키는 정부군을 격파하고 북상해 이인에 있던 진압군을 소탕하고 공주로 진격했다. 제1방어선이 무너지자 일본군은 금학동, 봉수대, 웅치, 우금치에 방어선을 새로 구축하고 아산의 내포로 출동하던 군대를 급히 공주로 불러들였다.

11월 9일 농민군은 효포, 웅치, 우금치 세 방향에서 다시 공주로 진격했다. 6~7일에 걸쳐 벌어진 공방전은 매우 치열했다. 정부군 선봉장 이규태는 보고서에서 당시의 전투 상황을 다음과 같이 전했다.

> 아, 수만이나 되는 비도들이 연속 40~50리 걸쳐 빙 둘러싸고 길이 있으면 쟁탈하고, 봉우리가 있으면 그를 점거하려고 동쪽에서 소리치고 서쪽을 치며 왼쪽에서 번쩍했다가 바른쪽에서 훌쩍 나타나며, 깃발을 휘날리고 북을 울리며 생사를 무릅쓰고 앞을 다투어 기어오르니 그들을 어떠한 의지와 담략으로 타이르랴. … 뼈가 떨리고 마음이 서늘하다.
> - 《순무선봉진등록》 갑오 11월 10일

농민군은 시간이 지날수록 밀리기 시작했다. 우금치에서 싸우던 농민군 주력이 막대한 피해를 입고 전투력을 상실했다. 11월 11일 전봉준은 공주를 계속 공격하는 것은 불가능하다고 판단하고 중대 뒷산과 우와리 계선으로 후퇴했다.

11월 12일 전봉준은 봉건 지배층에게 나라를 위기에서 구하기 위해 힘을 합쳐 일본군을 몰아내자고 다시 호소했지만 반응이 없었다. 김개남 농민군은 전봉준 부대를 돕기 위해 전주, 삼례, 금산을 거쳐 11월 13일 청주를 공격했으나 실패했다. 여러 번의 전투에서 막대한 손실을 입은 전봉준은 공주 공격을 포기하고 논산으로 후퇴하면서 진압군과 전투를 벌이다가 전라도 지방으로 후퇴했다.

전봉준은 전주에서 다시 농민군을 모집해 부대를 수습했고 김개남은 남원에서 새로운 싸움을 준비했다. 진압군이 전주로 몰려들자 전봉준은 결전을 준비했으나 11월 25일 금구전투에서, 11월 27일 태인전투에서 패하고 말았다. 이대로 전투를 계속하는 것은 농민군을 파멸로 몰아넣는 것이라고 깨달은 전봉준은 새로운 투쟁을 약속하고 부대를 해산했다. 그리고 일부 인원을 데리고 11월 29일 순창으로 이동했다.

충청도 농민군은 태인전투에서 패한 후 청산(황간) 종곡에서 치열한 전투를 벌였다. 농민군은 골짜기를 낀 양쪽 봉우리의 유리한 지점을 차지한 후 진압군을 유인해 좌우로 포위해 전투를 벌였다. 그 후 정주, 천안, 괴산, 음성으로 이동하면서 전투를 벌였으나 진압군의 집요한 공격으로 심각한 타격을 받고 12월 24일 충주전투를 마지막으로 부대를 해산했다.

농민군의 주력은 해산되었지만 농민군 투쟁은 1895년 초까지 전라도와 충청도를 비롯해 경상도, 경기도, 황해도 일대에서 계속되었다. 농민군이 해산하자 진압군은 무고한 민중을 닥치는 대로 학살하며 마을을 잿더미로 만들었다.

농민군 지휘관들도 연이어 처형되었다. 김개남은 12월 1일 태

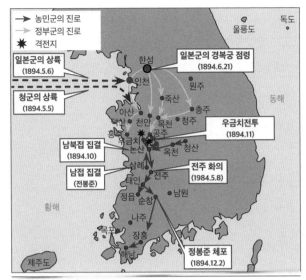

일본군의 상륙
(1894.5.6)

청군의 상륙
(1894.5.5)

일본군의 경복궁 점령
(1894.6.21)

우금치전투
(1894.11)

남북접 집결
(1894.10)

남접 집결
(전봉준)

전주 화의
(1984.5.8)

정봉준 체포
(1894.12.2)

농민군의 진로
정부군의 진로
격전지

독도
울릉도
한성
인천
원주
죽산
충주
아산
천안
목천
청주
덕산
홍주
공주
우금치
논산
옥천
청산
삼례
태인
전주
남원
정읍 순창
나주
목포
장흥
해남
제주도
동해
황해

∘ 갑오농민전쟁 전개 상황

∘ 우금치 전적 조감도

인에서 살해되었고 광주에 있던 손화중은 12월 1일 고창에서 체포되었다. 순창에서 새로운 투쟁을 준비하던 전봉준은 변절자의 밀고로 체포되어 1895년 3월 29일 손화중, 최경선, 성두환, 김덕명 등 농민군 지휘자와 함께 사형을 당했다. 전봉준은 최후를 마치면서 다음과 같은 시를 남겼다.

때를 만나서는 천하도 내 뜻과 같더니
운 다하니 영웅도 스스로 어쩔 수 없구나
백성을 사랑하고 정의를 위한 길이 무슨 허물이랴
나라 위한 일편단심 그 누가 알리

◐ 갑오농민전쟁의 역사적 의의와 교훈 ◐

농민전쟁이 일어나자 삼남 지방의 봉건적 통치 제도가 완전히 마비되고 조선 왕조는 붕괴 위기에 빠졌다. 이는 이전에는 없던 일대 사건으로 봉건 지배층에게 만회할 수 없는 타격을 입혔다. 일본도 비록 승리하기는 했지만 큰 피해를 입었다. 농민군을 단숨에 격파할 수 있다고 호언장담했지만 수많은 병력을 투입해 몇 달 동안 싸워야만 했고 많은 병력과 무기를 잃었다.

농민군은 애국애족의 정신, 민족자주의식을 유감없이 발휘했으나 지배층은 외세 침략군과 야합하는 반민족적, 반민중적 행위를 서슴없이 저질렀다. 예를 들어 농민군은 일본의 무력간섭으로 민족적 위기가 높아졌을 때 전투를 멈추고 전주 화의를 맺어 침략의 명분을 제거했지만 지배층은 일본과 야합해 농민전쟁을 탄압하는 만행을 저질렀다.

애국애족의 정신으로 일관했던 농민군의 2차 봉기는 1차 봉기 때보다 더 많은 합세를 끌어낼 수 있었다. 농민전쟁은 침략에 맞서는 애국 세력을 한편으로, 일본과 그에 빌붙은 매국 세력을 다른 한편으로 하는 판가리 싸움이 되었으며 우리 민족의 반외세 민족 자주의식을 명확하게 드러냈다.

농민군이 제기한 폐정 개혁안은 우리나라 역사상 처음으로 제기된 문제들이었다. 농민군이 지방 자치 기관인 집강소를 설치하여 봉건 관리들의 행정 사업을 통제한 것은 우리나라 역사 발전에 큰 의의를 가지는 사건이었다. 이것은 수천 년 동안 내려오던 봉건 제도가 더는 지탱할 수 없으며 임종의 시기에 다다랐다는 역사적 확인이었다.

봉건 정부는 근대적 개편을 서두를 수밖에 없었고 노비 제도의 철폐, 국가 체계의 근대적 개편, 봉건적 수탈 체계의 정비 등 갑오개혁에 나설 수밖에 없었다. 일본의 간섭을 물리치고 근대적 개혁인 갑오개혁이 수행된 것도 갑오농민전쟁의 영향이었다.

농민전쟁은 민중을 반일 투쟁으로 불러일으켰으며 투쟁 과정에서 정치 사상적으로 단련시켜 반일 투쟁 역량을 강화시켰다. 진압군의 탄압으로 수많은 농민군 지휘관이 희생되었으나 전쟁의 경험과 교훈을 얻은 많은 지휘관과 군중은 새로운 투쟁을 준비하면서 각종 형태의 반일 투쟁을 계승 발전시켜나갔다.

19세기 말부터 20세기 초까지 거족적으로 전개된 반일 의병운동에서 갑오농민전쟁 이후 각지에 흩어진 농민군이 없었다면 유생들이 결합할 수 없었을 것이며 이후 '총에는 총으로'라는 항일 무장 투쟁의 흐름으로 발전되지 못했을 것이다.

근대화 개혁을 향한
꺾이지 않는 의지

갑신정변 실패 이후 10년이 지난 1894년, 정부의 근대적인 개혁인 갑오개혁이 진행되었다. 갑신정변이 일본의 힘에 의존해 실패했다는 왜곡된 평가와 마찬가지로 갑오개혁도 일본의 힘으로 이루어진 개혁으로 알고 있는 경우가 많다. 갑오개혁이 친일적인 성격이라는 말인데 이는 일본이 우리에게 근대를 선물했다는 견해와 궤를 같이하는 잘못 알고 있는 사실이다.

예를 들면 고종의 이름으로 발표한 홍범 14조가 갑오개혁의 산물이며 우리나라 최초의 근대 헌법이라고 보는 견해가 있는데 홍범 14조는 갑오개혁의 산실이었던 군국기무처를 해산시키고 일본이 조정하기 쉬운 국왕 전제 체제로 돌려놓은 기만에 불과하다. 갑오개혁은 군국기무처의 해산과 함께 중단되었다. 그 뒤 일본이 개혁의 탈을 쓰고 강요한 내정 간섭 정책과 다음 해에 있었던 을미개혁을 갑오개혁의 연장선으로 보는 것은 옳지 않다.

갑오개혁은 이런 것과 궤를 달리한다. 갑오개혁은 일본의 간섭을 물리치고 갑오농민전쟁에서 농민들이 제시한 폐정 개혁안을 바탕으로 자주적으로 진행한 근대적 개혁이다.

여기서는 갑신정변 이후 10년 만에 그것도 청일전쟁이 진행 중인 상황에서 갑신정변을 계승하는 근대적 개혁이 부분적으로나마 어떻게 이루어질 수 있었는지 살펴보도록 하겠다.

◉ 갑신정변 실패 이후 주변 정세 ◉

갑신정변의 실패로 근대화를 위한 개혁은 심한 타격을 받았으나 민중의 개혁 의지를 완전히 멈추게 할 수는 없었다. 김홍집, 어윤중, 김윤식 등은 갑신정변이 실패한 역경 속에서도 주어진 조건과 가능성을 이용해 나라의 근대화를 위한 활동을 벌여나갔다.

갑신정변 때 파괴되었던 출판 기관 박문국을 1885년 3월 28일 광인사로 옮겨 출판 사업을 계속했다. 《한성순보》 발간 사업을 계승해 그해 12월 21일에는 국한문판 《한성주보》가 발간되었다.

1887년부터 1889년 말까지 2년에 걸쳐 집필된 《서유견문》에는 조선과 같은 봉건적인 전제 군주 제도하에서는 열강의 침략을 막아낼 수 없고 오직 나라를 개명시켜야 민족적 독립과 사회적 진보를 이룰 수 있다는 개화사상을 전면적으로 담고 있다. 이 책은 근대화 개혁이 수구파의 탄압으로 진통을 겪고 있던 시기에 개혁운동의 진보성을 선전한 것으로 선각자들과 대중 계몽에 영향을 주었다.

1886년 3월 사노비 제도가 일부 개정되었다. 노비는 대를 이어 노비가 되어야 한다는 '노비세전법'을 없앤 것으로 노비법 일반을 완전히 폐지하기 위한 첫 걸음이었다. 같은 해 9월 가렴잡세*에 대한 조사령이 공포되어 무질서한 세금 수탈 행위를 막기 위한 조치도 시행되었다. 이외에도 이 기간에 몇 가지 개혁이 이루어지기는 했으나 수구 세력의 방해로 실행하기는 힘들었다.

갑신정변 이후 근대 개혁을 추진시키려는 시도는 극히 미미했다. 하지만 수구파의 탄압 속에서 시도했다는 점에서 의미가 있으며 1890년대 새로운 정치 역량으로 결속되어 청일전쟁이 벌어지는 상황에서도 근대화 개혁을 포기하지 않고 지속할 수 있었던 계기가 되었다.

◉ 폐정 개혁안과 집강소의 행동 강령 ◉

갑오농민전쟁의 구호인 '보국안민'은 나라를 위기에 빠뜨리고 백성들을 억압하는 부패한 봉건 통치를 반대해야 한다는 반봉건

---

* 가혹하게 억지로 거두어들이는 여러 가지 세금

사상이 담겨있을 뿐 아니라 외세의 침략에서 나라를 지켜내야 한다는 사상도 깔려있다.

1894년 5월 8일 이루어진 전주 화의는 역사 밖에서 역사의 대상으로만 취급되던 농민에게 봉건 지배 계급이 굴복했음을 보여준 사건이다. 전주 화의 이후 봉건 지배층은 원하든 원하지 않든 개혁을 진행하지 않으면 안 된다는 것을 깨달았으며 이는 농민전쟁이 근대 개혁을 추동하는 요인이 되었다는 것을 실증하고 있다.

농민군이 제기했던 폐정 개혁 요구는 전주 화의 시기에 정부 측에 정식 제기되었는데 내용은 다음과 같다.

- 전운소를 폐기할 것
- 단결을 방해하지 말 것
- 보부 상인들의 작폐를 금지시킬 것
- 도안의 환정은 전임 감사가 받았으므로 민간에서 다시 징수하지 말 것
- 대동미를 바치기 전에는 각 포구에서 잠상들의 쌀 매매를 엄금할 것
- 동포 값은 매 호마다 봄, 가을 두 량씩으로 정할 것
- 탐관오리들을 모두 철직시킬 것
- 매관매직을 일삼고 국권을 농락하는 자들을 모두 쫓아낼 것
- 고을의 원은 그 관할 지역에 묘지를 쓸 수 없게 하며 땅도 사지 못하게 할 것
- 전(田)세는 규정대로만 받을 것
- 집집에 부과하는 잡역을 줄일 것
- 포구의 어염세를 폐지할 것
- 보세와 궁방전을 폐지할 것
- 각 고을의 원들이 민간 소유의 산지에 와서 함부로 푯말을 꽂고 겁탈하지 못하게 할 것

농민군의 요구사항은 실생활에서 해결해야 할 절박한 내용이지 근대 사회를 만들기 위한 개혁안은 아니었다. 그러나 폐정 개혁안은 근대적 개혁을 촉진시키는 데 많은 영향을 주었다. 이들은 폐정 개혁안을 정부에 제기했을 뿐 아니라 전주 화의 이후 전라도 각 고을에 집강소를 설치하고 행동 강령을 정해 개혁을 직접 추진했다.

집강소 12개조 행동 강령은 나라의 정치에 근본적 의미가 있는 민족적인 문제와 근대화에 대한 문제를 다루고 있다.

- 종래 동학도들과 정부 사이에 맺혀 있던 반감을 씻어버리고 정치를 협력할 것
- 탐관오리의 죄상을 샅샅이 조사하여 엄중히 처벌할 것
- 횡포한 부호들을 엄격히 징벌할 것
- 불량한 유생들과 양반들을 징벌할 것
- 노비 문서들을 태워버릴 것
- 청춘과부의 재혼을 허락할 것
- 온갖 천인들의 대우를 개선하며 백정들의 머리에 씌우는 평양갓을 벗겨줄 것
- 규정 외에 여러 잡세를 모두 폐지할 것
- 관리의 채용은 인재 본위로 할 것
- 일본인과 내통하는 자는 엄중히 처벌할 것
- 부채 탕감할 것
- 토지는 평균으로 나누어 부칠 것

이러한 농민군의 폐정 개혁안과 집강소의 행동 강령은 갑신정변의 정신을 이어가는 것이었고 곧바로 이어지는 갑오개혁을 적극 추동했다.

☯ 폐정 개혁 실시 ☯

농민군의 전주성 함락은 봉건 통치 제도의 취약성과 부패성을 적나라하게 드러내주었다. 정부는 상황을 수습할 만한 출로를 모색하는 것이 절박해졌고, 이에 정부 내에서 폐정 개혁을 진행해야 한다는 논의가 제기되었다.

1894년 5월 20일 김병시는 고종에게 청나라에 군대 지원을 요청한 것은 커다란 실책이었다고 하면서 인재 등용, 군정, 재정 개혁을 시급히 시행하자고 제안했다.

"당면하게 외국의 법들을 받아들여 쓰는 것이 어떤가?"

고종의 물음에 김병시는 대답했다.

"다른 나라의 법을 받아들일 것은 받아들이고 버릴 것은 버려야 하며 우리의 법률이라고 하여 다 버릴 것이 아니라 좋은 것은 남겨두면서 다른 나라의 좋은 법도 받아들여야 합니다."*

5월 25일 고종이 진행한 대신 회의에서는 내정 개혁을 독자적으로 진행해야 한다고 결론을 내렸다.

"일체 개혁해야 할 점에 대해서는 윗사람, 아랫사람이 정신을 가다듬고 강구하여 기어이 실지 성과를 거두어야 할 것이다."

고종은 침략자에게 당하는 수치를 통탄하면서 토로했다.

"오직 분발하고 정신 차려야 자수자강할 수 있다."

---

* 《갑오실기》, 갑오년 5월 20일

이날 회의에서 자수자강을 기본으로 준비를 구체적으로 하고 개혁 사업을 추진하기로 결정했다. 폐정 개혁은 1894년 6월 6일 국왕이 개혁 지시를 내리는 것으로 시작되었다.

6월 11일 폐정 개혁을 담당할 관청인 교정청을 설치하고 전현직 대신들을 교정청 총재관으로 임명했다. 6월 14일에는 10년 이래로 부과된 모든 잡세를 폐지하도록 결정하고, 6월 16일 교정청에서는 폐정 개혁안을 토의 결정했다.

이 폐정 개혁은 악폐를 청산하는 한도에 머물러 근대적인 개혁이 되기에는 부족하다. 하지만 혁신 관료들이 근대 개혁으로 나가는 발판을 만들어주었다는 점에서 의미가 있다. 교정청에서 토의 결정된 개혁 조항은 거리에 널리 게시되었고 각 도에 통보되었다.

☯ 일본의 내정 개혁안 강요 ☯

일본은 조선의 폐정 개혁을 막기 위해 필사적으로 매달렸다. 폐정 개혁은 근대 개혁으로 발전할 가능성이 충분했고 일본의 조선 침략에 장애가 되었기 때문이다. 일본은 조선의 자주적 개혁안을 저지시키고자 자신들이 만든 내정 개혁안을 강요했다.

오토리는 5월 23일 고종과 만난 자리에서 내정 개혁안을 제기했고, 6월 1일에는 내정 개혁안 강목을 내놓으면서 이를 토의하기 위해 조선 측 대표를 파견하라고 통보했다. 내정 개혁 강요의 목적이 무엇이었는가는 당시 외무대신 무츠가 한 말을 통해 잘 알 수 있다.

나는 처음부터 조선 내정 개혁에 대해 정치적 필요성 이외에 아
무런 의미도 없다고 하였다. … 때문에 조선 내정을 개혁하는 것
은 첫째로 우리나라(일본)의 이익을 주로 하는 정도로 멈추며 …
결국은 조선 내정 개혁이란 원래 일청 양국 간에 굳어져서 풀 수
없는 난국을 조정하기 위한 정책이었는데 형편이 일변해 결국
우리나라가 독자적으로 이를 담당하지 않으면 안 되게 된 것인
바 나는 애당초 조선의 내정 개혁 그 자체에 대해 별로 무게를 두
지 않았고 또 조선과 같은 나라에서 과연 만족스러운 개혁이 이
루어질 수 있는지 의심하였다.
– 《건건록》 일본어판

즉 일본이 강압한 내정 개혁의 핵심은 청나라를 상대로 조선
과 일본이 공동으로 내정을 개혁하자는 것으로 일본군의 조선 주
둔 명분을 만들고 청과의 전쟁 구실을 만들어 친청 세력을 몰아
낸 후 조선에 대한 경제적 이권 탈취와 침략의 기반을 닦으려는
것이었다.

1894년 6월 8일부터 남산 노인정에서 조선 대표와 일본공사의
회담은 3차에 걸쳐 진행되었다. 일본은 내정 개혁안 강목을 내놓
고 조선이 이를 받아들이기를 강요했다. 일본의 최후통첩과 같은
강요에 조선 정부는 격렬히 토론을 했고 결국 일본이 제기한 내정

° 노인정터는 갑오개혁을 논의했던 곳이 아니라 일본의 내정 간섭을 파탄냈던 장소이다. 노인정터 설명을 보면 아직도 우리 역사가 갑오개혁과 일본이 강요한 내정 개혁을 구별하지 못한다는 것을 알 수 있다.

개혁안을 거부하기로 결정했다.

6월 14일 3차 회담에서 조선 대표는 조선 정부에서 이미 교정청을 설치해 개혁을 시작했다는 점, 그런데 일본이 개혁안을 강요하는 것은 내정 간섭이라는 점, 조선에 주둔한 일본군은 조선의 내정 개혁에 커다란 장애가 되므로 철수를 요구한다는 점을 거론하면서 내정 개혁안 반대를 전달했다. 내정 개혁안 강요가 실패하자 일본은 조선 정부를 압박하기 위한 군사적 도발을 강행했다.

6월 21일 새벽, 일본은 1개 여단의 엄호하에 포병까지 증강한 1개 대대 병력으로 주권 국가의 왕궁을 포위해 점령하는 전대미문의 침략 행위를 감행했다. 일본군의 왕궁 점령으로 폐정 개혁 사업은 일단 좌절되고 말았다.

혁신 정권 수립과
갑오개혁

☯ 김홍집 혁신 내각의 출현 ☯

경복궁이 일본군에게 포위된 후 1894년 6월 22일 흥선대원군을 섭정으로, 김병시를 영의정으로 하는 새 정부가 구성되면서 조선 정부의 인적 구성에 급격한 변화가 일어났다.

영의정 김병시는 보수적 인물이었으나 민비 일당의 사대 매국 행위를 반대했고 폐정 개혁을 주장하는 양심적인 관리였다. 새로운 정부가 구성된 뒤 민영준, 민형식, 민응식, 민치헌 등이 정계에서 제거되고 유배 논의가 제기될 정도로 친청 세력인 민비 일당은 급격히 몰락했다.

친청 수구 세력이 대거 물러나자 개혁을 지지하는 관리들이 등용되기 시작했다. 이도재, 신기선, 윤웅렬 등 개화파 관련 인물이 유배지에서 풀려났고 신정희, 이봉의, 박준양 등 양심적 관리들이 등용되었다. 또 친일파로 알려진 김가진, 조희연, 안경수 등이 6월 22일 정부의 요직에 등용되었다.

김병시 정부의 구성에서 가장 눈여겨봐야 할 중요한 특징은 갑신정변 실패 후 10년간 민비 일당의 박해를 받아왔던 어윤중, 김윤식 등이 정부 요직에 등용되었다는 점이다. 이들은 나라의 근대화를 지향한 인물로 당시 조선에서 자주적으로 개혁하려는 의지가 얼마나 컸는지 알 수 있다. 이러한 특징에서 김병시 내각이 봉건 제도에서 자본주의 제도로 넘어가는 과도적 성격을 띤 정부임을 알 수 있다.

김병시 내각이 들어선 후 조선 정세에 급격한 변화가 몰아쳤다. 6월 23일 풍도 해상에서 일본 함대가 청나라 군대를 기습했고, 6월 27일에는 충청도에서 일본군과 청나라 군대가 맞붙은 성환전투가 일어나는 등 청일전쟁 발발로 정세가 급속히 긴장된 것이다.

한반도는 청일전쟁의 마당으로 돌변했다. 이러한 분위기는 폐정 개혁에 그칠 것이 아니라 나라의 자주권과 독립을 고수하고 세계 발전 추세에 대응할 수 있는 새로운 사회 정치 개혁, 본격적인 근대 개혁을 요구하고 있었다. 이 시대적 요구에 화답하려면 혁신적인 관료들의 활동이 절실히 필요했고 이에 김병시가 영의정이 된 지 4일 만에 김홍집으로 교체되었다.

김홍집은 영의정으로 임명한 지 20일 후인 7월 15일에 내각 구성을 공표했다. 김홍집 내각은 김윤식, 어윤중, 박정양 등 혁신 관리와 진보적 성향을 가진 관리들이 중심이 되어 근대 개혁 운동인 갑오개혁을 전개해나갔다.

◑ 군국기무처의 설립 ◑

군국기무처는 1894년 6월 25일 김홍집 내각의 출현과 함께 설립되었다. 군국기무처는 폐정 개혁을 위해 설치했던 교정청을 근대 개혁 수행을 위한 기구로 발전시킨 개혁 담당 기구였다. 군국기무처의 총재는 김홍집이었으며 김윤식, 박정양 등 혁신 관리들이 군국기무처 업무를 주도했다.

군국기무처는 형식적으로는 의정부 산하의 관청처럼 되어있었으나 사실상 국가 최고의 주권 기관으로 국내의 크고 작은 모든 문제를 토의 결정했고 절차상으로만 국왕에게 보고해 비준받는 형식을 취했다. 제기된 의제를 표결로 진행함으로써 발전된 근대적인 면모를 보였으며 11월 21일 일본에 의해 해산될 때까지 근대적 개혁을 수행하는 최고 권력 기구로서 존재했다.

혁신 관리들은 군국기무처에서 수행하는 근대 개혁의 명분을 철저히 외세의 침략을 막아내고 나라의 자주 독립을 고수하는 데서 찾았다. 6월 27일에 있었던 전현직 대신 회의에서 김홍집은 이렇게 말했다.

"지금이야말로 윗사람이나 아랫사람이나 원수 갚을 생각을 잊지 말아야 할 때인데 오직 전하(고종)가 뜻을 굳게 정하고 결단성 있게 분발하여야만 성과를 이룩하게 될 것이다."

이는 낡은 전제 정권을 고집하면서 근대적 발전을 일관성 있게 추구하지 못한 국왕을 비롯해 봉건 지도층에게 결단을 내려 근대 개혁을 실행함으로써 나라의 자주권과 독립을 굳건히 하자는 호소였다. 6월 28일 군국기무처 회의에서 혁신 관리들이 제안한 사회 정치 개혁은 개혁을 바라는 정치적 지향이 무엇인가를 보여준다.

군국기무처의 제안
- 이제부터는 국내외의 공적 및 사적 문서에 개국 기원을 쓸 것
- 청나라와의 조약을 개정하고, 각국에 특명전권공사를 다시 파견할 것
- 문벌 양반과 상인 등의 계급을 타파할 것
- 죄인에 대하여 본인 외에 친족에게 연좌제 규정을 일체 시행하지 말 것
- 관청 노비와 개인 노비에 관한 규정을 일체 폐지하고 사람을 사고 파는 일을 금지할 것

◗ 군국기무처에서 추진한 개혁의 내용 ◖

군국기무처는 강제 해산될 때까지 5개월 동안 사회 생활의 모든

분야를 포괄하는 200여 건의 개혁안을 심의하고 실현 대책을 세웠다. 군국기무처에서는 중앙 정치 기구의 개혁을 첫 사업으로 진행해 '의정부는 모든 관리를 통솔하며 모든 정무를 처리하고 나라를 운영하는 역할'로 규정했다. 얼핏 보기에 전통적인 의정부의 지위를 다시 확인한 것으로 보이지만 국왕의 전제 체제인 봉건제 자문 기관에 불과했던 의정부를 근대적인 내각으로 바꾼 것이다. 즉 국왕의 전제권을 약화하고 의정부의 최고 책임자 총리대신(영의정이 아님)에게 모든 권한을 부여했으며 각 관청을 통일적으로 담당하게 했다. 의정부의 직속 기구로 군국기무처, 도찰원, 중추원이 있으며 의정부 밑에 내무, 외무, 탁지, 법무, 학무, 공무, 군무, 농상의 여덟 개 아문을 두었다.

군국기무처는 국내의 크고 작은 일을 전적으로 의논하는 직능과 권한을 그대로 가지고 있었으며 기구상으로는 의정부 밑에 두었다. 하지만 이는 갑오개혁이 진전되어 근대적 정부 수립이 이루어지면 의회로서의 발전 전망을 염두에 둔 것으로, 실제로 9월 11일 군국기무처는 의정부에서 분리되었고 이는 입법부와 행정부를 분리해 국가 체계를 의회제 민주주의 방향으로 개편하고 의회제 민주주의 국가를 수립해 국왕의 권한을 전면적으로 제한하려는 조치였다.

이전에는 왕실 재정이 의정부와 분리되어있지 않아 국고로 들어온 세금이 아무런 제재 없이 왕실의 사치 향락에 탕진되었다. 왕실 재정으로 만들어졌던 궁내부 소속 토지가 국가 재정과 무관하

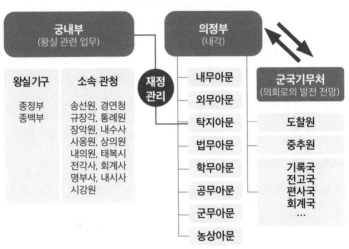

재정비된 중앙 정치 기구

궁내부 (왕실 관련 업무)		의정부 (내각)

왕실기구

종정부
종백부

소속 관청

송선원, 경연청
규장각, 통례원
장악원, 내수사
사옹원, 상의원
내의원, 태복시
전각사, 회계사
명부사, 내시사
시강원

재정 관리

- 내무아문
- 외무아문
- 탁지아문
- 법무아문
- 학무아문
- 공무아문
- 군무아문
- 농상아문

군국기무처
(의회로의 발전 전망)

- 도찰원
- 중추원
- 기록국
  전고국
  편사국
  회계국
  …

게 제멋대로 늘어나는 폐단이 발생하기도 했다. 군국기무처에서는 궁내부를 의정부와 독립시키고 궁내부 재정은 의정부 산하 탁지아문에서 담당하게 했다.

갑오개혁에서 또 하나 주목할 것은 '향회'인데 이는 각 면에서 대표자를 선출해 정부의 명령과 사업에 대해 심의하고 그 결정에 따라 시행하도록 한 제도이다. 향회는 국가 정치 제도의 점진적 근대화를 지향한다는 점에서 중요한 조치 중 하나였다.

또 경무청을 설치해 내무아문에 소속시키며 한성부 5부 관내에 경찰지서를 설치해 경찰 사무를 맡도록 했다. 또 사법 분야의 행정 체계를 법무아문에 집중시키고 사법관이 재판하지 않는 한 강제로 처벌할 수 없도록 했다. 가족도 함께 처벌하는 연좌제 또한 폐지했다.

군국기무처는 국가의 공식 문서에 개국 기원을 쓴다고 선포해 청나라와의 외교적 종속 관계를 청산하는 동시에 청과의 기존 조약을 개정할 명분을 마련했다. 국내의 토지 산림 광산은 외국인이 점유하거나 매매하는 것을 금지했고, 조약 체결 및 외국인 고용, 해고 등은 외무아문에서 대신과 협판의 공동 심의에 기초해 총리대신의 승인을 받아 시행하게 했다.

또 국가 경제를 통일적으로 장악하고자 은행국을 설치하고 모든 세금을 금납화시키도록 했고, 미곡상회사를 조직해 상업 유통망을 국가가 운영하기 위한 획기적인 조치들을 마련했다. 이는 일찍이 개화파가 자본주의 발전이 미숙한 조선에서 상공업을 발전시키기 위해서는 국가가 산파 역할을 해야 한다는 주장을 발전시킨 것이다.

전국적으로 도량형을 통일시켜 도량형의 차이에서 오는 폐단을 막았고, 신식 화폐 발행 장정이 심의 채택되어 신식 화폐를 발행하기 위한 법적 조치들이 취해졌다. 각종 고리대 착취를 비롯해 과중한 경제적 수탈을 제한하는 조치가 이루어졌으며 역체국, 전신국, 철도국, 등장국, 건축국, 공상국, 산림국, 지질국, 장려국 등 사회 경제 제도의 근대적 발전을 지향한 부서들을 설치함으로써 상공업의 근대적 발전을 실현할 의지를 분명히 했다.

갑오개혁의 가장 큰 성과는 노비 제도를 폐지하고 인신매매를 금지했으며 천인의 신분을 벗겨줄 것을 명시했다는 점이다. 이외

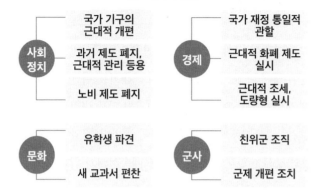

갑오개혁의 내용

사회 정치
- 국가 기구의 근대적 개편
- 과거 제도 폐지, 근대적 관리 등용
- 노비 제도 폐지

경제
- 국가 재정 통일적 관할
- 근대적 화폐 제도 실시
- 근대적 조세, 도량형 실시

문화
- 유학생 파견
- 새 교과서 편찬

군사
- 친위군 조직
- 군제 개편 조치

에도 사회 문화 개혁으로 교육 근대화를 위해 학무아문에서 국내 교육과 학무 등에 관한 행정을 맡아보도록 규정했다. 학무아문 밑의 전문 학무국에서는 중학교, 대학교, 기예학교, 외국어학교와 전문학교 관련 업무를 맡아보도록 했고, 보통 학무국에서는 소학교와 사법학교에 관한 일을 맡아보도록 했다.

군사 분야의 개혁은 큰 성과를 내기가 어려웠다. 갑오개혁 당시 일본이 왕궁을 습격해 한양 주둔 조선 군대의 무장을 해제한 상황이었기 때문이다. 그러나 친위군을 제외한 각 군영을 통합했으며 대장 1인을 두어 지휘하는 통일적 지휘 체계를 마련했다. 또 각 도의 진영과 보루, 산성을 돌아보고 군량 형편과 군사 정원에 관한 조사 사업을 진행하는 등 민족 군대의 개편을 준비하고 있었다.

☯ 일본의 내정 간섭과 갑오개혁의 좌절 ☯

갑오농민군이 다시 궐기해 일본 침략을 반대하며 봉건제를 개혁하려는 투쟁에 나섰고 군국기무처의 근대화를 위한 개혁이 적극적으로 추진되자 일본은 개혁을 파탄시키기 위해 내정 간섭을 감행했다. 게다가 군국기무처와 근대 개혁이 출발한 지 두 달 후인 1894년 9월의 정세는 일본이 조선 정부를 예속시키기 위한 유리한 조건이 형성되고 있었다.

1894년 9월 24일 일본군이 중국 여순항을 점령한 데 이어 요동반도와 산둥반도를 점령하자 청일전쟁에서 일본의 승리가 확실시되었다. 이것은 일본이 조선에서 청나라를 제거하고 우세한 군사적 지위를 이용해 조선을 완전한 예속화할 수 있는 기반이 구축되었음을 의미한다. 9월 15일 일본은 청과의 평양전투를 끝낸 후 농민군 진압을 벌여 갑오농민군을 말살했다. 또 청일전쟁 이후 조선 정부 내에서 갈등이 표면화되어 일본의 내정 간섭에 유리한 정황이 만들어지고 있었다.

청나라에 대한 사대주의적 환상에서 벗어나지 못하고 있던 민비 일당은 청일전쟁에서 청나라가 패할 것이 명백한 상황에서도 사태의 흐름을 제대로 읽지 못했다. 민비는 청나라에 의존해 실권을 회복해보려고 서태후의 생일에 축하 사절을 보내고 10만 냥의 뇌물을 바쳤다.

그런데 청일전쟁에서 일본이 승리하자 두 나라 사이의 대결을 관망하던 민가 일당의 친청 세력들 속에서도 일본에 줄을 서려는 움직임이 나타났다. 일본은 이러한 점을 악용해 근대 개혁을 파탄 내려는 내정 간섭에 나섰다. 그들은 우선 자주적 갑오개혁의 산실이었던 군국기무처부터 해산시키기 위해 음모를 꾸몄다.

◔ 내정 개혁안과 군국기무처의 해산 ◔

일본은 처음에는 군국기무처의 창설을 노골적으로 방해하기 어려웠다. 그들 자신이 조선의 내정 개혁을 강요했고 경복궁 습격으로 열강들의 경계심과 비난이 쏟아지고 있었기 때문이다. 그러면서도 내심 군국기무처에서 내놓는 개혁이 '조선이 청나라의 영향에서 벗어나는 것' 정도로 그칠 것을 기대했다. 그러나 군국기무처는 악조건에서도 정치, 경제, 문화, 군사 등 중요한 개혁 조치를 무수히 발표했다. 일본은 이제 전격적으로 군국기무처를 해산해 조선의 자주적 개혁을 막고자 했다.

일본은 1894년 6월 노인정 회담에서 내정 간섭에 실패했던 경험을 통해 자기들이 제시한 정책을 적극적으로 관철시키기 위해 친일파가 조선 정부 내에 있어야 한다고 생각했다. 당시만 해도 조선 조정 내에 친일파는 많지 않았다. 일본군을 동원해 경복궁을 포위하고 권력의 핵심을 갈아치우려 했을 때도 기껏 흥선대원군을 내세울 정도였으니 얼마나 친일파가 적었는지 짐작할 수 있다. 이 문제로 고심하고 있었을 때 일본의 눈에 띈 인물이 박영효였다.

박영효는 갑신정변의 핵심 세력이었으나 정변 실패 후 일본으로 건너가 김옥균의 뜻을 저버리고 오로지 조선 정부에 대한 복수의 칼날만 가는 변절자로 전락했다. 남은 것이라고는 정치적 탐욕밖에 없었으며 출세를 위해 일본의 앞잡이로 되어버린 친일 주구였다. 일본은 갑신정변을 주도했다는 이유로 조선에 들어올 수 없는 박영효의 입국을 위해 고종에게 압력을 넣었다. 사면을 받고 입국한 박영효는 일본의 알선으로 조선 정부에 입각했으며 입각하자마자 일본의 입장을 관철시키기 위한 다양한 공작을 진행했다.

일본의 압력과 강요로 흥선대원군은 10월 25일 정계에서 물러났다. 이노우에는 군국기무처의 개혁 사업을 비방 중상하는 한편 군국기무처의 존재를 부정하기 시작했다. 또한 10월 23일과 24일 고종이 참가한 대신 회의에서 이른바 20개조 내정 개혁안을 들고 나와 그것을 강요했다. 20개조 내정 개혁안은 겉으로 보기에는 근대 개혁안인 듯 포장되어있었으나 기만적이거나 침략적인 것들에 불과했다. 20개조 내정 개혁안에서 제기된 사회 정치적 개혁 내용은 새로운 것이 없었으며 군국기무처에서 이미 실행 계획을 발표했거나 착수되고 있었던 것이다. 일본이 내정 개혁안에서 노린 것은 '국왕에게 모든 권한을 집중시키고 군국기무처를 해산한다'는 것뿐이었다.

그들이 제기한 20개조 내정 개혁안 1조를 보면 '정권은 모두 한 곳에서 나오게 할 것'이라고 했으며, 17조에서 '군국기무처의 기구와 권한을 개정할 것'이라고 규정했다. 1조는 정치를 일원화한다는 구실하에 국왕의 전제권을 회복하며 관리 임면권을 포함한 일체 권한을 고종에게 다시 넘겨줄 것을 규정한 것이고, 17조는 군국기무처의 권한이 지나치게 크다는 구실로 아무 권한도 없는 자문 기관으로 만들어버리는 것이었다.

그들은 군국기무처를 무력화시키고 고종에게 권력을 다시 집중시킨 후 그를 압박해 식민지 예속화 정책을 추진하려고 했다. 20개조 내정 개혁안은 갑오개혁을 파탄시키고 낙후한 봉건 제도를 유지 고착시킴으로써 식민 지배에 유리한 기반을 마련하기 위한 침략적이며 반동적 내정 간섭안이었다.

자신의 권력이 다시 강화된다는 헛된 욕심 때문일까? 고종과 민비 일당은 나라와 민족의 운명을 생각지도 않고 일본에 빌붙어 20개조 내정 개혁안을 받아들이는 반민족적 행위를 저질렀다.

11월 2일 일본은 조선 정부가 네 명의 현판급 관리들을 임명한 것을 두고 국왕의 고문인 이노우에와 사전 협의 없이 자의적으로 국가 관리를 임명했다고 시비를 걸면서 항의 각서를 조선 정부에 제출하고 고종을 위협 공갈했다. 11월 10일 결국 고종과 대신들이 20개조 내정 개혁안을 책임지고 수행하겠다는 답을 하자 11월 12일 기다렸다는 듯이 박영효와 친일파로 이루어진 정부 개조안을 내놓았다. 이로써 11월 21일 군국기무처는 강제 해산되었고 국왕의 허울뿐인 전제권은 회복되었으며 갑오개혁은 실패로 끝나고 말았다.

☯ 홍범 14조의 성격 ☯

일본은 군국기무처를 해산하고 약 한 달만인 1894년 12월 12일 국왕의 명의로 홍범 14조를 발표하게 했다. 홍범 14조가 갑오개혁의 산물이며 조선 최초의 근대 헌법이라고 말하는 역사가들이 많다. 그러나 홍범 14조는 1894년 10월 이노우에가 고종에게 강요했던 20개조 내정 개혁안을 기초로 하고 있다.

홍범 14조의 내용부터 살펴보자. 1조에서는 청나라와의 관계를 단절하고 동시에 일본의 독점적 예속화를 노리는 의도가 담겨 있다. 3조에서 정사를 궁중의 척족이나 종친이 간섭하지 못하게 한 것은 조선 정부에서 무시할 수 없는 실권을 행사하던 흥선대원군과 민비의 활동을 억제하고 일본의 독점적 간섭을 마련하기 위한 조치였다. 또한 국왕 주권의 법적 규정을 명시해 군국기무처 개혁의 핵심 중 하나였던 국왕에 대한 봉건적 전제권 통제를 후퇴시켰다. 이는 조선이 근대 국가로 나아가는 것을 가로막으면서 우유부단한 고종을 내세워 일본의 의도대로 조선을 예속화하려는 저의가 깔려 있다. 이외의 홍범 14조의 개혁적 요소들은 이미 군국기무처에서 제기하고 시행되어오던 문제들로 다른 독소 조항들을 가리기 위한 일본의 교활한 술책에 지나지 않다.

◐ 갑오개혁의 성격과 역사에 미친 영향 ◑

갑오개혁은 1884년 갑신정변 개혁에서 피어오른 조선의 근대 개혁 운동을 더욱 발전시킴으로써 사회 모든 분야에서 근대적 발전의 길을 열어놓았다. 갑신정변 때는 새 정부의 정강까지 발표했으나 사흘 만에 막을 내리게 됨으로써 국가적인 근대 개혁을 진행할 수 없었지만, 갑오개혁의 군국기무처는 약 50일간 존재하면서 정치, 경제, 군사, 문화 등 사회 여러 분야에서 200여 건에 달하는 개혁안을 토의 결정하고 실현했으며 일련의 성과도 끌어냈다.

갑오개혁은 개화파가 시작한 근대 개혁 운동을 계승해 조선의 근대적 발전의 길을 더욱 확대해나갔던 역사적인 운동이다. 또 갑오개혁은 일본이 군대를 주둔시켜놓고 내정 간섭을 감행하고 있던 상황에서 자체적으로 우리나라 실정에 맞게 추진한 개혁이다.

일부 역사가들은 당시 조선이 일본군에 점령되어있었으며 일본이 내정 개혁안을 강요하고 있었으므로 갑오개혁이 친일적인 개혁이라고 주장한다. 그러나 이는 완전히 거꾸로 된 해석이다. 갑오개혁은 갑오농민군이 제시한 폐정 개혁 요구들을 기반으로 조선 정부에서 '옛 법과 다른 나라의 법을 참작하여 실정에 맞게 개혁을 진행한다는 원칙'을 내세우고 독자적으로 진행한 근대 개혁이다. 군국기무처가 결정한 개혁안들은 그 후 조선의 근대 개혁 운동의 발전을 주동하는 요인이 되었을 뿐 아니라 근대 개혁 운동의 중요한 기초가 되었다.

☯ 갑오개혁 실패 이후 일본의 만행 ☯

일본은 청일전쟁에서 승리한 후 조선에 대한 내정 간섭에 집중하고 조선 정부는 친일파, 친청파, 친러파, 친미파 등으로 갈라져 정국은 혼돈에 빠져들었다. 나라의 독립을 지키기 위해서는 근대적 개혁 사업이 더 절실히 필요했다. 김홍집, 어윤중을 비롯한 혁신 관료들은 개혁안을 실행해나갔지만 일본의 내정 간섭과 3차에 걸친 내각 개정, 사대 세력의 반대로 순조롭게 진행되지 못했다.

1895년 일본이 조선을 예속시키기 위해 어떤 음모를 꾸몄는지 살펴보자. 이노우에는 1895년 3월 조선 정부에 강제로 300만 원을 빌려주는 조약을 맺었다. 이 차관 조약을 보면 조세를 담보로 해 총액 300만 원을 빌리되 150만 원은 일본 은행의 태환 은전으로, 150만 원은 은화로 하며 이자율은 6%로 정했다.

이 차관은 조선에 필요한 개혁 자금으로는 쓸 수 없었고 오직 그동안의 조선 정부의 채무, 관리의 밀린 봉급, 일본의 군국주의적 침략을 더 용이하게 해주는 철도, 항만, 전신 부문 투자에 충당하도록 되어있었다. 일본이 차관을 강제로 준 것은 일본에 대한 재정적 예속을 심화시키기 위한 미끼였다.

일본은 자신들이 강요한 20개조 내정 개혁안 18조에서 '노련한 고문관을 각 아문에 초빙하여 써야 한다'는 조항을 근거로 1895년 10월 23일 일본 공사관의 경시 다케히사를 경무청 고문으로 임명했다. 이를 시작으로 약 40명의 일본인 고문을 조선 정부에 박아놓았다. 이들은 조선 내각의 각 부, 각 관청에서 내리는 각종 명령이나 지령에 대해 사전 검열할 수 있었으며 조선 정부의 회의에 들어와 발언할 수 있었다. 고문을 들이민 일본은 조선 정계의 모든 기밀과 정사를 장악하고 내정 간섭을 감행했다. 일본의 고문 정치는 1904년 한일의정서로 본격화되었으나 처음 시작은 이때부터였다.

이 시기 일본의 만행을 극명하게 보여주는 것이 바로 민비 살해 사건인 '을미사변'이다. 일본은 청일전쟁에서 승리했으나 러시아와 독일, 프랑스 등 이른바 3국 간섭으로 자신들의 전리품인 요동반도를 되돌려주었다. 이 사건은 조선에서 친러파를 양성시키는 계기가 되었고, 자국의 조선 침략에도 제동이 걸려 몹시 당황한 처지였다. 거의 20여 년 동안 일본에도 굴종해오던 민비는 1894년 일본의 경복궁 난입으로 자신의 권력이 위협받게 되자 러시아를 등에 업고 권력을 유지하려고 했다. 그때부터 민비는 국력도 강력해 보이고 고종과 자신에게 친절한 러시아에 관심을 돌렸다.

이 무렵 일본은 무력을 동원해 철도와 통신선 부설권은 물론 광산 채굴권과 개항지 증설, 거류지 확장을 비롯한 각종 이권을 강탈하고 있었다. 이에 일본인이라는 말만 들어도 몸서리를 치면서 침을 뱉고 돌아서는 사람이 점점 늘어났다.

일본인이 관여하는 군대가 존재한다는 것을 참을 수 없던 민비는 고종을 부추겨 일본군 관계자와 친밀했던 훈련대를 해산해버리려고 했다. 상황이 이렇게 흘러가자 일본은 러시아에 붙기 시작한 민비를 살해하기로 했다.

◦ 민비를 살해하는 일본 깡패들

◦ 민비가 살해당한 건천궁 옥호루의 복원된 모습

1895년 8월 20일 이른 새벽, 일본공사 미우라의 지휘에 따라 일본 수비대 후비 보병 18대대 450명을 포함해 일본 외무성 경찰대, 일본 민간인 깡패들, 특무 등 530여 명과 훈련대 200여 명으로 조직된 살인 강도단이 광화문으로 들이닥쳤다.

이들은 왕궁을 지키던 시위대와의 총격전 끝에 시위대 연대장을 사살하고 고종의 거처를 포위한 후 고종에게 민비를 내놓으라고 협박하고는 감금했다. 그리고 민비의 침전으로 뛰어들어 궁녀들을 닥치는 대로 난도질했다. 쓰러져 있는 궁녀 속에서 민비를 발견한 일본 살인마들은 숨이 채 지지 않은 그녀를 장작더미 위에 올려놓고 석유를 뿌린 다음 불태워버렸다. 이마저도 성에 차지 않았는지 타다 남은 민비의 유골마저 연못에 집어던지는 만행을 저질렀다.

민비를 학살한 후 미우라는 공포에 떨고 있는 고종 앞에 나타나 조선 봉건 정부의 내각에서 친러파를 축출하고 일본이 제기하는 친일파들을 관리로 임명하며 각국 공사가 면담을 청해도 응해서는 안 된다고 협박했다.

그들은 이 사건에 대한 여론을 봉쇄하려 했으나 민비 학살 사건은 백일하에 폭로되었으며 조선 민중의 강력한 항의와 국제 여론의 규탄을 받았다. 일본은 미우라를 비롯한 40여 명을 본국으로 소환해 형식상 재판을 진행하고는 증거 불충분으로 모두 무죄 석방해버렸다.

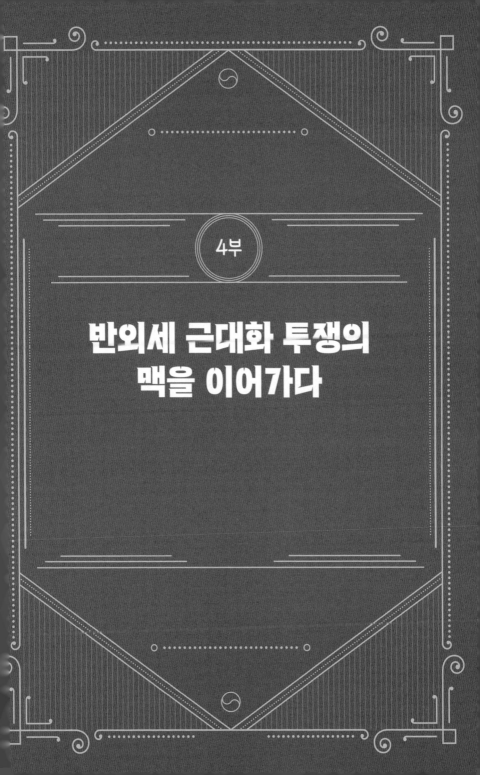

4부

반외세 근대화 투쟁의
맥을 이어가다

아관파천과 대한제국의 선포

청일전쟁이 끝나면 일본은 조선에서 완전히 패권을 차지할 것이라고 생각했지만 상황은 의도대로 흘러가지 않았다. 1895년 을미사변에 이어 1896년 러시아가 친러파들과 결탁해 고종을 러시아 공사관으로 유인한 아관파천이 발생했다. 국가적 위기 상황에서 한 나라의 왕이 다른 나라 공사관으로 1년 동안 피신한다는 것은 상상할 수조차 없는 일이다. 일본의 폭압을 두려워하던 고종을 손에 쥐고 조선을 독점하려는 러시아의 흉계와 무관할 수 없다. 이 두 사건은 1894년 갑오개혁 실패 이후 조선을 노린 주된 침략 세력이 러시아와 일본임을 보여주는 사건이다.

청일전쟁 이후 러일전쟁이 발발하기까지 10년간 러시아와 일본은 조선을 독점적 식민지로 만들기 위해 힘을 비축하면서 서로를 견제했다. 당시 조선을 둘러싼 열강들의 아귀다툼이 얼마나 치열했는가는 아관파천 1년 전에 벌어진 춘생문 사건을 통해서도 알 수 있다.

춘생문 사건은 민비 학살 사건 이후 미국공사 알렌, 언더우드 등이 춘생문*을 통해 고종을 미국 공사관으로 빼돌리려고 했던 음모다. 이 음모는 궁중의 양심적인 관리들과 경각심 높은 시위대 병사들에 의해 미리 알려지면서 중단되었지만 당시 조선을 장악하려던 러시아로서는 아찔한 일이 아닐 수 없었을 것이다.

러시아는 그때부터 고종을 러시아 공사관으로 데려오기 위한 대책을 수립하기 시작했다. 우선 '러시아 공사관 호위'라는 구실로 인천에 있던 해병들 가운데서 150명을 한양으로 끌어들였고 친러파를 이용해 고종과 세자에게 러시아의 의사를 전했다. 그들이 러시아 공사관으로 넘어오기만 하면 신변 안전을 절대적으로 보장할 뿐 아니라 독립 국가의 존엄은 물론 군주로서의 실권도 보장해 준다고 유혹했다.

1896년 2월 11일 새벽, 고종과 세자는 거처를 러시아 공사관으로 옮겼다. 러시아는 고종이 러시아 공사관에 머문 1년 동안 자국의 영향력을 대폭 강화했다. 1896년 10월, 장교 열세 명과 하사관을 조선 군대의 훈련과 편성을 담당하는 군사교관으로 임명했으며, 1897년 11월 러시아 재정성 관리 알렉세예프를 조선의 재정고

---

* 경복궁 동북쪽 출입구

○ 아관파천 당시 고종과 세자가 머물렀던 러시아 공사관

○ 정동에 있는 러시아 공사관

문으로 임명시키는 데 성공했다. 또 조선 정부의 인사를 친러 인사로 교체하고 경제적 이권을 장악했다.

러시아의 적극적인 조선 진출은 일본을 크게 자극했다. 민비 살해 사건 이후 조선 민중의 엄청난 반발과 고종의 아관파천 등으로 조선에서의 우세를 러시아에 잠시 빼앗겨버린 일본은 그 원인이 군사적 열세라고 생각했고 러시아와의 전쟁 준비에 열을 올리기 시작했다. 일본은 청일전쟁에 투자한 군비의 3~5배에 달하는 막대한 자금을 군사 예산에 쏟아부었다. 조선의 독점적 지배를 위한 러일 두 나라의 패권 다툼은 결국 1904년 러일전쟁으로 이어졌다.

일본은 1896년부터 1904년까지 군사적 압력과 협박 등 갖은 방법을 동원해 경부철도, 경의철도, 경인철도 등 철도 부설 이권을 모두 강탈했고 주요 철도 노선을 장악했다. 또 금광을 비롯한 광산에 대한 이권을 장악해 경제적 약탈을 감행했는데 1895년경부터 1902년에 이르기까지 세관을 통해 공개된 금 약탈만 해도 2,000만 원에 이르렀다.

미국도 1896년 3월 서울-인천 간 철도 부설권(5월에 일본에 넘겨줌), 1896년 4월 평안도 운산 금광 채굴권, 1898년 서울 전차 전등 및 수도 부설권을 강탈한 데 이어 1898년 9월에는 서울-개성 철도 부설권을 탈취했다.

러시아는 1896년 4월 함경도 경원 및 종성의 금광 채굴권을, 8월에는 두만강과 압록강 상류 지역과 울릉도의 산림 채벌권을 강탈했고, 1899년 3월에는 동해안에서의 포경권을 탈취했다.

영국, 프랑스, 독일도 조선에서 각종 이권을 쟁탈하는 데 혈안이 되었다. 특히 영국은 러시아가 영국인 재정고문을 해고하고 러시아인을 앉히자 1897년 11월 일곱 척의 군함을 인천에 침입시켜 시위를 하면서 거문도를 점령해 석유 저장고를 설치하는 침략 행위를 감행했다.

◉ 고종의 환궁 이후 내정 개혁과 대한제국의 선포 ◉

국왕이 남의 나라 공사관으로 도망간 아관파천은 조선 내부에도 큰 충격을 주었다. 자기 신하와 백성을 믿지 못하고 러시아로 도망간 국왕을 보면서 자괴감을 느끼지 않은 사람이 없었고 정부의 지도층 인사에게도 자주 독립을 지켜야 한다는 절박한 위기감을 불러일으켰다.

위기의식을 느낀 정부 관리들은 고종이 궁궐로 돌아오자 '국왕의 권위를 높이는 것'에서부터 나라의 독립과 존엄을 지키기 위한 대책을 세우기 시작했다. 조선 정부는 1897년 8월 16일 나라의 새 출발을 알리는 표시로 '광무' 연호를 사용하기로 결정했다. 10월 11일에는 국호를 '대한'으로 고쳤으며 10월 12일에는 왕을 '황제'로 높여 부르고 '대한제국'을 선포했다.

국호를 조선에서 대한제국으로 바꾸는 것이 나라의 권위를 높이는 것과 어떤 관계가 있을까? 이를 이해하려면 당시 조선 지도층의 역사 인식부터 살펴보아야 한다. 조선 왕조 500년 동안 식자층은 조선이라는 국호가 '기자조선'에서 유래했다고 알고 있었다. 지금은 기자조선의 유래가 된 '기자 한반도 도래설*'은 완전한 허구라는 것이 밝혀졌고 학계에서도 기자조선을 인정하지 않는다. 그런데 조선 시대에는 중국에 대한 사대주의가 뿌리 깊이 박혀 '중국인 기자가 조선을 만들었다'면서 자부심을 느끼는 경향이 강했다.

이런 사정으로 볼 때 국호를 바꾸는 것은 단순히 새 출발을 선언하겠다는 의미가 아니라 조선 왕조 500년 동안 내려온 중국에 대한 사대주의를 극복하고 독립 국가로서의 면모를 일신하겠다는 조선 집권층의 결심이었다. 비록 잘못된 역사적 이해에 근거하기는 했지만 조선 왕조 500년을 지배해온 사대주의를 청산하겠다는 포부를 표현한 것이라고 볼 때 당시의 상황이 이해가 된다. 국호를 '대한'이라고 한 것과 관련해 고종은 이렇게 말했다.

우리나라는 삼한의 땅으로서 나라의 초기에 하늘의 계시를 받고 한 개의 나라로 통합되었다. 지금 나라의 이름을 대한이라고 한다고 해서 안될 것이 없고 … 여러 나라의 문헌에는 조선이라고 하지 않고 한이라고 한 것으로 보아 … 대한이라는 이름을 알 것이다.

---

* 중국 주나라 신하인 기자가 한반도에 와서 나라를 건설했다는 설

◦ 대한제국 정궁 경운궁(지금의 덕수궁) 석조전. 1897년에 계획이 수립되었고 1910년에 완공
되었다.

◦ 고종이 황제 즉위식을 올렸던 환구단

그리고 황제 호칭을 사용하는 것은 세계 여러 나라와 동등한 권리를 행사하기 위해서 중요한 문제라고 생각했다. 계급적 및 역사적 제한성은 있지만 자주권을 행사하는 독립 국가로서 지위를 높이려는 의도였다고 평가할 수 있다.

국호를 대한제국으로 개칭한 후 새로 만들어진 대한국 국제 제1조에서는 "대한국은 세계 만국의 공인된 자주 독립한 제국이다." 라고 규정했다. 대한제국의 선포와 관련된 조치를 보면 황제 중심의 사회 정치 제도를 수립해 조성된 위기를 수습하며 자주 독립국의 지위를 세워보려는 의도가 있었다. 대한국 국제에서는 '대한제국의 정치는 만대에 뻗치도록 변하지 않을 전제 정치'라고 규정했고, '황제의 권한을 침범하거나 손실을 주는 행위를 한 자는 신하와 백성의 도리를 잃은 자로 인정한다'라고 성문화해 전제 군주로서의 황제의 지위를 강조했다.

◉ 내정 개혁의 특징과 성격 ◉

대한제국의 선포 이후 통치 질서를 바로잡고 나라의 위기를 수습하기 위한 일련의 개혁이 이루어졌다. 이 시기의 개혁은 갑신정변이나 갑오개혁과 구별되는 몇 가지 특징이 있다.

가장 큰 특징은 개혁 세력의 범위가 넓어졌다는 점이다. 갑신정변 때는 김옥균을 비롯한 개화파가 자기들보다 우세한 수구파 세력과 대치된 조건에서 개혁을 추구했다. 갑오개혁 때는 김홍집을 비롯한 혁신 관리들이 당시 득세하던 친일 세력과 대원군 세력, 민비 세력 등 정치적으로 완전히 대립하는 대상들과 맞서는 형편에서 진행했다. 두 경우 모두 개혁 세력이 소수에 그쳐 결국 처형되거나 정부에서 밀려나고 말았다.

그러나 이 시기에는 개혁에 관한 정치적 대립이 이전처럼 크게 조성되지 않았다. 물론 지배층의 계급적 제한성에서 나타난 의견 대립과 사대적인 관료들의 방해가 있기는 했지만 예전에 비하면 이 시기의 개혁은 고종 이하 정부 관리와 지방관들까지 관여되어 국가적 사업으로 진행되었다. 대중의 끊임없는 투쟁과 진보적인 애국지사들의 활동을 통해 대부분의 관리가 개혁의 필요성을 인식하게 된 결과이다. 갑신정변과 갑오개혁은 실패했지만 그때 뿌린 씨앗은 무시할 수 없는 힘으로 나라에 파급된 것이다.

이 시기의 개혁의 중요한 특징을 한 가지 더 짚어보자. 이 시기에는 전제 왕권 강화를 중심으로 개혁을 추진했다. 갑신정변과 갑오개혁을 주도한 관리들은 전제 왕권을 점차 약화시키고 입헌군주제 수립을 시도하면서 근대 개혁을 추진하려고 했다. 그러나 이 시기의 정부 관리들은 자주권과 독립의 강화를 전제권 강화와 관련해 생각했다. 상황이 국왕을 중심으로 세우고 단결하지 않으면 안 될 만큼 열악했다는 것을 볼 수 있다.

대한제국의 선포, 황제 호칭과 광무 연호의 제정, 원수부의 설치와 황제의 군 통수권 명문화 등은 국왕을 제대로 세워서라도 독립 국가의 면모를 유지해보려는 시도였지만 다른 한편으로는 조선 지배층의 계급적 본질과 정치적 이해 관계에서 나온 특징적인 현상이었다. 이 시기에도 진보와 보수가 얽혀 있고 애국과 매국의 첨예한 대립과 투쟁이 어느 때보다도 심각한 시대였다. 특히 개혁의 큰 동력이었던 만민공동회를 탄압한 것을 보면 이 시기 고종과 지배층의 제한성이 얼마나 컸는지 절감할 수 있지만 그럼에도 불구하고 국호까지 바꾸면서 통치 질서를 새로 세우고 나라의 위기를 수습하려 했던 정부의 노력은 긍정적으로 평가할 수 있다.

대중 참여형 애국문화운동, 만민공동회

이 시기 조선의 자주적 근대화를 위한 주된 흐름은 대한제국을 선포한 정부가 아니라 대중운동이었다. 상층 개혁운동인 갑신정변과 갑오개혁이 실패한 후 개혁을 바라는 지식인들은 한 가지 교훈을 얻었다. 계속 정부 관료들만 바라보아서는 안 되고 근대화와 독립을 지키기 위한 투쟁에 대중을 참여시켜야 한다는 것이었다.

1890년대 후반부터 근대화를 추구하는 지식인들은 여러 형태와 방법으로 대중에 대한 문화 계몽 활동을 적극적으로 펼쳐나가기 시작했는데 이를 이끈 것은 근대적 정치 계몽운동 단체였다.

☯ 독립협회와 독립 상징물의 건설 ☯

1896년 2월 아관파천 이후 애국적 지식인들은 나라의 자주권이 심각하게 유린당하자 독립 상징물을 건설해 대중 계몽 사업에 이용하자고 제안했다. 이들의 제안은 각계각층 대중의 적극적인 지지를 받았다. 이완용도 애국자로 자처하기 위해 독립 상징물 건설을 지지했다.

이러한 분위기 속에서 1896년 7월 2일 정부의 고위 관리와 지식인 30여 명이 참가한 가운데 독립 상징물 건설을 주관할 단체인 독립협회가 정식으로 결성되었다. 독립협회는 발족 초기에는 전현직 관리로 구성되었고 주력 사업이 독립 상징물 건설이었기 때문에 정치 계몽 단체로서의 성격이 분명치 않았다. 그러나 독립 상징물 건설을 위한 논의와 활동을 하면서 독립 정신과 근대적 의식으로 민중을 각성시키고 근대적 발전을 공고히 하려는 정치 계몽운동 단체로 발전해나갔다.

독립협회는 창립 후 민중에게 독립 애국정신을 심어주기 위한 독립 상징물 건설 사업에 주력하고 건설 자금 모금에 집중했다. 독립 상징물 건설은 각계각층 대중의 애국적 열정을 발휘시켜야 성공할 수 있었다. 이에 〈독립신문〉, 〈대조선 독립협회 회보〉와 같은 신문과 잡지를 통해 대중에게 독립 상징물 건설의 중요성을 홍보했고 선설 자금 모금을 호소했다. 대중들은 독립협회의 호소에 적극 호응했으며 앞 다퉈 수많은 돈을 기부했다. 황실에서도 황태자

◦ 영은문

◦ 독립문

◦ 〈독립신문〉 초판

의 명의로 1,000원을 기증했다. 1897년 8월 26일까지 7,000여 명에게서 5,897원에 달하는 자금이 모금되었다.

자금이 해결되자 독립 상징물 건설에 본격적으로 착수했다. 독립 상징물이란 모화사대 외교의 유물을 없애버리고 그 자리에 독립을 상징하는 독립문을 세우는 것이었다. 모화관과 영은문은 중국에 대한 사대 외교의 상징이었다. 지식인들은 사대주의 사상을 뿌리 뽑고 독립 애국정신을 심어주기 위한 방도의 하나로 독립 상징물 건설을 독립협회의 최대 당면 과제로 내세웠다.

1896년 11월 21일 수천 명이 참가한 가운데 독립문 건설 착공식이 진행되었고 1897년 11월에 독립문이 완공되었다. 높이 14.28m, 너비 11.48m로 화강암을 재료로 축조한 독립문과 함께 독립관 건설도 추진했다. 독립관 건설은 모화관을 개조해 1897년 5월에 공사가 끝났다. 독립관은 완공된 후 대중 집회장으로 이용되어 민중들의 독립 애국정신을 고취하는 데 크게 이바지했다.

☻ 토론회와 언론 활동 ☻

독립협회를 이끈 진보적 주축이었던 이상재, 남궁억 등은 1897년 8월 초에 성격이 애매하던 독립협회를 대중 계몽 단체로 만드는 데 성공했다. 1897년 8월 8일 독립협회는 정기 모임에서 매주 일요일 오후 3시에 독립관에 모여 토론회를 개최하기로 결정했다. 토론회

초기에는 '조선의 급선무는 인민의 교육(1897년 8월 29일), 도로를 수정하는 것이 위생에 제일 방책(1897년 9월 5일), 나라를 부강케 하는 데는 상무가 제일(1897년 9월 12일)' 등 사회 여러 분야의 문제를 폭넓게 취급했다. 1898년 2월부터 독립협회의 성격이 분명해지자 '의회원을 설립하는 것이 정치상에 제일 긴요함(1898년 4월 3일)'과 같은 정치 문제로 토론의 주제가 바뀌었다.

토론회는 늘 초만원을 이루었다. 혁신 세력은 부패 무능하고 보수적인 지배층을 규탄하며 근대적 발전을 강하게 촉구했다. 자연히 보수적인 관료파 회원들은 독립협회에서 탈퇴했고 토론회는 더욱 진취적으로 발전했다. 독립협회의 주최 아래 진행된 토론회는 청년, 학생을 비롯한 많은 군중을 독립 애국정신과 근대적 의식으로 계몽 각성시키고 그들을 근대화 실현으로 이끄는 데 적지 않게 이바지했다.

독립협회는 〈독립신문〉을 발간해 민중에게 독립 사상과 민족 자주 의식, 자본주의적 자유 민권 사상을 고취하며 탐관오리의 반민족적, 반민중적 비행을 폭로하고 분노를 느끼도록 만들었다. 조혼을 비롯한 낡고 부패한 봉건적인 생활 풍습을 반대하며 자본주의적 도덕과 풍습을 소개하는 데 힘을 쏟아 대중을 계몽하는 데 커다란 역할을 했다. 1898년 10월까지 평양, 대구, 공주, 강계, 북청, 목포, 선천, 의주 등 여덟 개 지방에 지회가 설치되었고 회원 수는 4,000여 명에 이르렀다.

☮ 나라의 자주권을 지키려는 활동 ☮

1898년 2월 러시아가 조차*라는 핑계를 대고 부산 절영도에 러시아 함대에 공급할 석탄 저장고를 꾸리려고 하자 친러 관리인 외부대신 서리 민종묵이 제멋대로 승인해주었다. 이를 알게 된 독립협회는 민종묵에게 항의 편지를 보냈다. 여론을 의식한 민종묵은 3월 2일 사직했지만 고종은 그를 다시 외부대신으로 임명하고 절영도 조차를 허락해주려고 했다.

그 무렵 고종이 한러은행 지점 개설을 승인해주는 사건이 발생했다. 이 역시 대중의 격분을 일으켰고 독립협회는 나라의 재정권과 군사권을 다시 찾기 위한 투쟁을 전개했다. 1898년 3월 3일 독립협회는 정부가 3년 전 절영도 일본 해군 석탄 창고 승인을 구실 삼아 러시아가 같은 요구를 해온 것이니 이를 저지시키기 위해서는 일본의 석탄 창고를 우선 철수시켜야 한다고 결정했다.

독립협회는 일본 석탄 창고 철거, 한러은행 폐쇄, 민종묵 임명 철회에 대한 글을 써서 정부 각 기관에 보냈다. 그래도 고종이 확답을 주지 않고 시간을 끌자 3월 10일 독립협회는 1만여 명이 참가한 만민공동회를 열었다. 이 집회에서는 군사와 재정 부문에서 자주권을 행사해야 하며 이를 위해서는 러시아인 군사고문과 재정고문을 쫓아내야 한다고 규탄했다. 겁을 먹은 정부는 3월 19일 러시

---

*   어떤 나라가 다른 나라에서 일시적으로 빌린 영토의 일부

아의 재정고문과 군사교관을 정식 해고했다. 한러은행도 폐쇄했으며 러시아는 절영도 조차 요구를 철회했다. 절영도에 있던 일본의 석탄 창고 역시 철거했다.

1898년 5월 초 프랑스공사가 조선 정부에 평양 지역의 탄광 한 개를 포함해 세 개의 광산을 자신들이 경영하는 경의철도 회사에 넘겨달라고 하자 독립협회는 5월 23일 정부에 프랑스의 요구를 거절하라는 건의문을 보내 프랑스의 요구가 실현되지 못했다.

1898년 6월 29일 독일영사가 영사관을 찾아온 조선의 외부대신 서리 유기환을 폭행한 사건이 발생했다. 1897년 4월에 독일과 체결한 강원도 금광의 채굴권을 빨리 허가하지 않는다고 행패를 부린 것이다. 독일영사는 유기환의 가슴을 주먹으로 치고 그가 가져온 문서를 마당에 던졌다. 제국주의 열강의 오만함을 만천하에 드러내는 일이었다.

독립협회는 7월 1일과 2일 만민공동회를 열고 독일영사의 주권 침해 행위를 신랄히 규탄했다. 7월 4일 독일영사를 강하게 징계해 손상된 국가의 위신을 바로잡을 것을 요구했다. 민중의 치솟는 분노 앞에 겁을 먹은 독일영사는 유기환을 찾아가 정식 사죄했으며 공식 사죄문을 의정부에 제출했다.

1895년 10월 11일 왕궁을 습격해 고종을 미국 공사관으로 납치하려던 춘생문 사건이 실패한 뒤에도 미국은 고종을 장악해 조선에 대한 이권을 넓히려는 야망을 버리지 않고 있었다. 1898년 8월 미국인 법부고문 그레이트 하우스는 궁정 호위가 불안정하다며

º 만민공동회(출처; 독립기념관)

외국에서 고용병을 끌어오자고 고종을 설득했다. 고종은 하우스를 통해 1년 계약으로 외국인 30명을 고용했고 9월 15일 그들은 한양으로 들어왔다. 이 사건으로 나라의 존엄과 위신은 크게 떨어졌다.

9월 17일 독립협회는 '외국인으로 황궁을 보호하는 것은 수치이다'라며 외국인 고용병의 즉시 철수를 요구했다. 9월 18일과 19일에도 외부 문 앞에서 대규모 군중집회를 열고 외국인 고용 부대의 철수를 다시 요구했다. 결국 고종은 외국인 고용 부대를 9월 24일에 철수시켰고 조선 왕실을 장악하려던 미국의 책략은 또다시 수포로 돌아갔다.

◎ 민권 보장을 관철한 대중 투쟁 ◎

독립협회가 완강하게 밀고 나간 민권운동의 대표적 사례는 고종 독살 미수 사건 처리에 관한 것이었다. 1898년 9월 11일 러시아 공사관 통역이었던 김홍륙이 고종에게 앙심을 품고 하수인을 시켜 고종의 커피에 아편을 넣어 독살하려고 한 사건이 일어났다. 다행히 고종은 이 커피를 조금밖에 마시지 않은 탓에 별일이 없었지만 태자(순종)와 내시, 궁녀 10여 명이 심한 중독 상태에 빠졌다.

정부는 재판도 없이 김홍륙을 종신 유배형에 처했으며 경무청에서는 김홍륙에게 악형을 가하고 하수인에게 심한 고문을 했다. 그러자 독립협회는 '비록 황제를 살해하려 한 김홍륙이라 할지라도 법률에 의해서 처벌되어야 하며 죄인에 대한 고문도 허용할 수 없다'라며 공개 재판을 요구했다.

그런데 9월 23일 중추원 회의에서는 오히려 갑오개혁 때 폐지된 노륙법*과 연좌법을 되살리자고 논의되었다. 독립협회는 인간의 생명권과 재산의 자유권을 침해하는 악법 부활 반대운동을 전개하면서 악법 부활에 찬성한 중추원 의장의 사임을 요구했다. 중추원의장 신기선은 '교수형만으로 난적을 막을 수 없으므로 노륙법이 필요하고, 대신들의 진퇴는 민회(독립협회)에서 참견할 바가 못 된다'라고 일축했다.

---

* 죄인의 가족까지 노비로 삼는 법

독립협회는 10월 1일 중추원 앞에서 군중대회를 열고 '신기선의 사직'과 '악법 폐지'를 요구했으며, 죄인을 혹독하게 취급했다는 죄명을 걸어 신기선과 법부협관 이인우를 고등재판소에 고발했다.

민권 보장을 위한 독립협회의 활동은 오랫동안 봉건적 압박과 예속 밑에서 인간의 기본적인 자유와 권리마저 박탈당하고 살아오던 민중들을 반봉건 사상 의식으로 크게 계몽 각성시켰다. 반면 봉건 유생들은 집단적 상소를 올리며 악법 부활을 지지했고 독립협회의 투쟁을 제지하기 시작했다.

독립협회는 황국 중앙총상회와 함께 10월 7일부터 10월 12일까지 매일 인화문 앞에서 대규모 군중집회를 열었다. 1만여 명이 참가한 집회에서는 신기선과 이인우 등 일곱 명의 대신의 즉각 파면을 요구하며 악법 부활을 막자는 상소 투쟁을 전개했다. 이 투쟁은 부패한 봉건 지배층에게 분노를 품고 있던 민중의 적극적인 지지를 받았다. 수많은 이들이 인화문 앞에서 철야 투쟁을 벌이고 600여 원의 의연금을 보냈다. 정교가 쓴《대한계년사》를 보면 이때의 분위기를 알 수 있다.

독립협회에서 또 의논하기를 낮에는 회원들이 (인화문으로) 모두 나오고 밤에는 사무원 50명을 정하여 그 속에서 임시 회장을 한 명 선발하고 밤을 새우면서 냄비를 걸고 밥을 지어 먹기로 하였다. 사람들이 이 소식을 듣고 앞 다투어 의금(의연금)을 바쳤다. 과천 나무장사꾼 방윤길은 나무 판 돈 1원을, 군밤장사꾼 아이(12세)

는 백동화 2전을 내는 등 한양 안팎의 민중들과 외읍 사람들이
바친 돈은 그 숫자가 600여 원에 이르렀다.

10월 10일부터 한양 상인들은 협회의 투쟁을 지지해 무기한 철
시 투쟁*을 전개했다. 궁지에 몰린 고종은 하는 수 없이 일곱 대신
을 모두 파면시켰다. 이로써 노륙법과 연좌법을 되살리고자 했던
보수 세력은 큰 타격을 받고 물러서게 되었고 독립협회는 민권 보
장을 위한 투쟁에서 큰 승리를 거두었다.

☯ 언론 자유를 위한 투쟁 ☯

독립협회의 민권 투쟁이 격화되자 정부는 활동을 탄압하기 시
작했다. 1898년 10월 20일 고종은 독립협회 토론은 정치 문제 이
외의 것으로만 한정하며 독립관 이외의 다른 곳에서의 집회를 허
락하지 않다는 조치를 내렸다.
그러자 독립협회는 '언론의 자유는 양보할 수 없는 민권이며, 정
치 문제 토론은 정부의 부정부패 때문에 더 필요'하다고 주장했고,
언론과 집회의 보장을 고종에게 요구하기로 했다. 독립협회 회원
들은 경무청으로 몰려가 자기들을 잡아 가두라고 요구하며 항의

---

* 시장, 가게 따위가 문을 닫고 영업을 하지 아니함

했으나 경무청에서 체포하지 못하자 언론의 자유를 보장할 때까지 철야 농성을 벌이기로 했다.

독립협회는 10월 23일에도 상소를 올려 '나라의 정사와 법을 문란시키는 관리가 있으면 탄핵하고 성토하는 것은 백성의 권리'라는 것을 밝히고 언론, 집회의 자유를 승인해주도록 강력히 요구했다. 독립협회의 계속되는 압력에 굴복한 고종은 10월 25일 모호하기는 하나 언론과 집회의 자유를 보장할 것에 대한 지시를 내릴 수밖에 없었다.

☯ 국가 정책 규정시 민중의 역할 ☯

독립협회는 중추원을 개편해 민중의 의사를 국가 정책 결정에 반영하기 위한 곳으로 만드는 활동도 전개했는데 1898년 10월 15일 정부에 제기한 요구 조건을 보면 그 내용을 알 수 있다.

제1조 법률에서 정한 것 이외에 함부로 더해진 온갖 잡세는 모두 폐지할 것

제2조 중추원을 개편하며 그 관제를 정부 관리와 독립협회 회원 가운데서 공평 정직한 사람을 선정하여 함께 정치를 협의하도록 만들 것
- 의관의 반 수는 정부에서 추천하며 반 수는 독립협회의 투표로 추천하여 상주한 후 직령으로 임명할 것
- 의장은 정부가 추천하는 사람 중에서, 부의장은 회원 가운데

서 추천하되 의관들이 투표 선정할 것
- 장정은… 해당 원에서 기안하여 정부 의논을 거친 후 임금
  의 결재를 받아 시행할 것

이 요구는 독립협회 세력이 중추원 의관의 다수를 차지함으로
써 나라의 정치 제도를 근대적으로 개편하려는 의도였다. 10월 초
독립협회의 압력으로 일곱 대신이 제거된 자리에 혁신 관료들이
임명되었다. 근대화를 지향하던 의정서리 박정양, 군부대신 민영
환 등 혁신 관료는 독립협회의 요구에 긍정의 뜻을 표시하고 자세
히 검토할 의향을 표명했다.

이 문제는 집권 보수 세력의 반발을 불러일으켰다. 10월 16일 보
수 지배층은 어용 단체인 황국협회*를 사주해 박정양의 사임을 요
구하는 시위를 벌여 박정양이 의정서리직을 내놓게 만들었다. 고
종은 파면시킨 일곱 대신 중 한 명인 윤용선을 의정부 의정으로 임
명했다. 그러자 독립협회는 10월 21일 윤용선의 집 앞에서 시위 집
회를 열고 그의 사임을 요구했으며 10월 22일에도 중추원 개편을
요구하며 투쟁을 벌였다. 독립협회의 완강한 투쟁에 정부는 중추
원 개편과 관련한 문제를 놓고 독립협회와 협상할 수밖에 없었다.

고종은 10월 23일 의정부 찬정 박정양을 의정부 참정으로 승급
시켰으며, 의관 한규설을 중추원 의장으로, 독립협회 회장을 중추

---

* 봉건 지배층이 1898년 7월 7일에 만들어낸 어용 단체로, 보부상들로 이루어진 폭력
단체

원 부의장으로 각각 임명해 중추원 개편 문제를 토의하게 했다. 이
날 열린 협상에서 정부는 독립협회 대표에게 중추원을 단지 왕의
자문 기관으로만 제한하려는 개정안을 제시했다. 반면 독립협회는
정부가 제시한 개정안을 거부하고 원래의 안을 고수했다. 보수 세
력은 독립협회가 제기한 개정안 제2조 '의관의 반 수(50명)는 정부
에서 추천하며 반 수는 독립협회의 투표로 추천하여 상주한 후 칙
령으로 임명할 것'이라는 조항을 거론하며 황국협회도 독립협회와
같은 민회이므로 독립협회의 몫인 의관 25석 중에서 절반은 황국
협회에 주어야 한다고 주장했다.

협상은 결렬되었고 독립협회는 보수파가 다수를 차지하는 중추
원에 참여할 수 없다고 발표했다. 그리고 10월 27일에는 정부 대신
과 각계각층 민중들, 각 사회단체에 초청장을 보냈다.

10월 29일 종로에서 1만여 명이 참가한 가운데 만민공동회를
열고 독립협회가 미리 작성한 의안 6조를 채택해 정부에 제기했다.
의안 6조에서는 외세를 배격하고, 정부의 매국적 책동을 저지시키
며, 국가의 재정적 기초를 튼튼히 다지고, 근대적 재판법을 실행하
며, 국왕의 관리 임명권을 제한하고, 사회 전반에서 근대적인 법률
을 실행하도록 규정했다.

투쟁 기세가 고조되자 당황한 정부는 10월 30일 의안 6조를 지
지한다는 뜻을 표시했으며, 11월 4일 중추원 관제 개정을 칙령으
로 발표했다. 민간 정치 단체의 정치 참가를 위한 독립협회의 투쟁
은 승리로 마무리되었다.

☀ 독립협회와 만민공동회에 대한 탄압과 해산 ☀

11월 4일 밤 보수 관리인 의정부 찬정 조병식은 군부대신 서리 유기환, 법부협판 이기동 등과 모의한 후 독립협회를 모함하는 익명서를 만들어 광화문 밖과 시내 여러 곳에 붙이게 했다. 그리고 독립협회가 박정양, 윤치호, 이상재, 정교를 각각 대통령, 부통령, 내부대신, 외부대신으로 선거하고 국체를 변혁해 공화정을 실시하려 한다고 사건을 날조해 고종에게 고발했다.

독립협회 탄압 구실을 찾던 고종은 독립협회 지도부에 대한 체포령을 내렸다. 11월 4일 밤부터 11월 5일 사이에 이상재, 남궁억, 정교, 이건호, 방한덕 등 열일곱 명의 핵심 인물이 경무청에 체포되었다. 고종은 11월 5일 '독립협회와 만민공동회를 연 죄로 해산한다.'는 조칙을 발표했으며 박정양, 법부대신 서정순, 의정부 참정 이종건, 농상공부 대신 김명규, 탁지부 협판 고영희, 의정부 참찬 권재형 등을 모두 파면시키고 보수파 인물들로 교체했다.

정부의 배신과 탄압에 격분한 민중들은 11월 5일부터 12월 말까지 거의 매일 만민공동회를 열고 열일곱 명의 협회 성원의 석방과 의안 6조의 시행, 보수 관리 퇴진, 보부상 철수, 독립협회 승인 등을 요구하며 투쟁했다.

그러자 정부는 또 기만적인 회유책을 내놓았다. 11월 10일 체포된 사람을 전원 석방하고 11월 26일에는 '국내의 문명 진보에 관한 토론'에 한정시킨다는 전제를 달아 독립협회를 다시 승인했다.

11월 29일에는 중추원 의관석 50석 중 33석은 보수파가, 나머지 17석은 독립협회와 만민공동회 대표들이 차지하도록 했다. 조선의 근대화를 달가워하지 않던 서구 열강과 일본은 조선 정부에 만민공동회 투쟁을 강경 진압할 것을 요구했다.

　독립협회는 정부의 탄압과 내부 분열로 인해 11월 말부터 급속히 쇠퇴의 길을 걷기 시작했다. 윤치호를 비롯한 일부 간부들은 공포에 질려 동요하고 나서지 못했으며 오히려 정부와 결탁해 만민공동회 투쟁을 약화시키려고 했다. 외세의 지지에 힘을 얻은 정부는 12월 22일 군대를 동원해 정동에 대포를 설치하고 만민공동회 집회 장소와 여러 곳에 군대를 배치했다. 12월 23일에는 제2대대와 보부상들을 동원해 만민공동회 참가자들을 총검과 몽둥이로 탄압하고 강제 해산시켰으며, 12월 24일에는 한양 시내를 삼엄한 계엄 상태로 만들어 만민공동회 참가자들을 닥치는 대로 체포했다. 정부는 12월 25일 만민공동회와 독립협회의 죄목을 11개 조항이나 만들어 해산한다는 명령을 발표했다. 독립협회는 만민공동회의 좌절과 함께 강제 해산당했으며 근대화를 지향한 민권 보장 투쟁도 실패로 끝나고 말았다.

조선의 독점적 지배권을
획득한 일본

● 삼국 간섭에서 러일전쟁까지 ●

3국 간섭 이후 러시아는 청과의 비밀 동맹을 체결해 동청철도 부설권을 얻었고 1898년 여순과 대련에 대한 25년간 조차권을 획득했다. 조선에서도 친러 정권을 수립했지만 시베리아 횡단철도가 완성될 때까지는 일본과 타협 정책을 펼쳤다. 1896~1898년 사이에 조선 문제를 둘러싸고 러시아와 일본은 서로의 이해를 건드리지 말자는 각종 협정을 맺었다.

일본은 초조해졌다. 러시아의 방해로 만주 진출 야망이 좌절당하면서 와신상담의 심정으로 러시아와의 전면전을 위한 군비 확장에 모든 것을 걸었다. 일본은 1895년부터 10년간의 예산 편성을 전

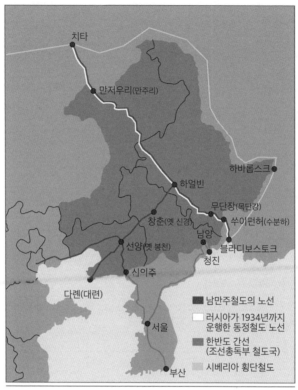

치타

만저우리(만주리)

하바롭스크

하얼빈

무단장(목단강)

창춘(옛 신경)   쑤이펀허(수분하)

남양

선양(옛 봉천)   블라디보스토크

청진

신의주

다롄(대련)

■ 남만주철도의 노선
□ 러시아가 1934년까지
　운행한 동청철도 노선
■ 한반도 간선
　(조선총독부 철도국)
■ 시베리아 횡단철도

서울

부산

○ 해방 전 동북아 철도 간선

력 증강에 집중했다. 육군은 7개 사단에서 13개 사단으로 늘렸으며
해군은 강철 전투함 6척, 순양함 5척을 더 만들고자 했다. 이때 필
요한 예산은 전부 미국 은행에서 조달받을 계획이었다.

　1900년 북중국에서 일어난 의화단의 난이 만주로 파급되자 러
시아는 동청철도를 보호한다는 구실로 만주를 점령했다. 1904년
2월 8일 일본이 여순항에 있던 러시아 함대를 기습 공격함으로써

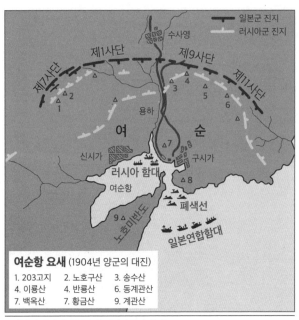

여순항 요새 (1904년 양군의 대진)

1. 203고지 2. 노호구산 3. 송수산
4. 이룡산 4. 반룡산 6. 동계관산
7. 백옥산 7. 황금산 9. 계관산

° 러일전쟁 당시 일본군과 러시아군의 배치도

° 백옥산에서 바라본 여순항

러일전쟁이 발발했다.

◎ 조선의 외교권과 내정권을 강탈한 일본 ◎

일본은 1903년 10월부터 조선 정부에 '러일전쟁이 일어나면 일본에 협조한다'는 내용의 공수 동맹*인 한일의정서를 강요하기 시작했다. 고종은 일본의 조약 체결 요구를 거부하고 엄정중립을 지키려고 했다.

1904년 1월 21일 이용익과 현상건을 비밀리에 중국으로 보내 프랑스인 선교사와 협력해서 조선의 중립 선언을 전 세계에 발표했다. 일본은 이러한 조선의 입장을 결사적으로 반대했다. 일본은 조선을 예속시켜야 러일전쟁에서 후방의 안전을 보장할 수 있었을 뿐 아니라 조선에 대한 독점적 지배권을 확립할 수 있었기 때문이다.

1904년 2월 일본은 러일전쟁을 시작한 후 조선을 군사적으로 강점하기 위해 2월 23일 한일의정서를 체결했다. 그리고 8월 22일에 한일협정서를 강제로 체결해 조선 정부의 각 부서에 일본인 고문을 임명했다. 외교고문에는 일본 외무성 고문이었던 미국인 스티븐스를 임명했다. 이로써 일본은 고문이라는 간판을 달고 조선

---

*   동맹국 이외의 나라와 전쟁을 치를 시 공격과 방어를 함께하는 동맹

° 미 육군장관 태프트   ° 일본 수상 카스라

정부의 내정과 외정을 직접 간섭하기 시작했다.

일본의 러시아 침략은 미국과의 공모하에 미국의 적극적인 지지와 부추김을 받으면서 감행되었다. 미 육군장관 태프트는 1905년 러일 강화회의가 열리자 7월 29일 일본으로 건너가 일본 수상 카스라와 비밀 회담을 열었다. 이 회담에서 미국은 일본의 조선 강점을 인정해주고 대가로 필리핀에 대한 미국의 식민 통치를 인정받았다. 이것이 바로 미국이 우리 민족을 일본에 팔아넘긴 '카스라-태프트 협정'이다.

영국도 1905년 8월 제2차 영일 동맹을 맺고 일본의 조선 강점을 지지해주었다. 그 후 미국의 중재로 1905년 9월 5일에 러일전쟁을 종결시킨 포츠머스 강화조약이 체결되었다. 이 조약에 의해 일

° 을사조약을 체결하러 한양에 온 이토 히로부미

본은 장기간에 걸쳐 조선 침략의 경쟁자였던 러시아를 최종적으로
조선에서 몰아내고 독점적 지배권을 확립했다.

◉ 날조된 을사조약 ◉

러일전쟁이 일본의 승리로 끝나고 포츠머스 강화조약이 체결되
면서 조선에 대한 일본의 지배권을 막을 열강은 사라졌다. 1905년
11월 10일 일본 추밀원의장이었던 이토 히로부미가 한양에 들어와
고종에게 일본 천황의 칙서를 내놓으며 보호조약 체결을 강요했다.

고종이 응하지 않자 11월 17일 한양에 집결해있던 일본군 보병,

◦ 남산에 있었던 통감부

◦ 을사오적(왼쪽부터 이완용, 이근택, 이지용, 박제순, 권중현)

기병, 헌병을 경복궁 일대에 배치하고 대신들에게 조약 체결을 강
요했다. 대신들 한 명씩 지명해 찬성 여부를 물었고 여덟 명 중 다
섯 명이 찬성했으니 조약이 합의되었다면서 외부대신 도장을 강탈
해 조약 체결을 선포했다. 이 조약은 고종의 국새 날인도 받지 못
한 날조로 아무런 법적 효력도 가질 수 없는 문서였다. 을사조약은
조선의 외교권을 완전히 빼앗는 횡포 무도한 국권 강탈 행위였다.

일본은 1906년 2월 1일 한양에 통감부를 설치하고 통감 통치를 실시했다. 일본이 파견한 통감은 입법, 사법, 행정, 군사 통수권을 비롯해 모든 권한을 가진 조선의 실질적인 최고 통치자였다. 또 조선의 주요 지방에 통감의 손발이 되어 움직이는 이사관을 파견해 지방 곳곳에까지 식민 지배의 마수가 뻗치도록 했다. 한반도는 망국의 위기와 함께 식민 지배의 깊은 늪으로 빨려 들어가고 있었다.

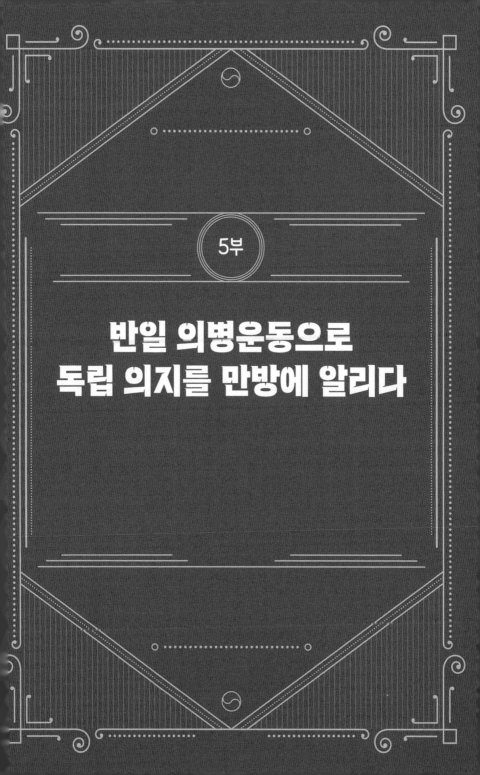

5부

반일 의병운동으로 독립 의지를 만방에 알리다

반일 의병운동의 시작

총칼로 무장한 일본에 맞서 자주권을 지키려면 우리도 무장으로 대응해야 했다. 한 나라를 군사적으로 짓밟고 강점한 이들에게 '나가 달라'는 점잖은 목소리가 통할 리 없었다.

반일 무장 투쟁은 갑오농민전쟁 때부터 시작되었다. 전봉준은 일본의 무력 침공에 반대해 투쟁에 나선 농민군을 의병이라고 불렀다.

… 일본이 개화를 운운하면서… 군대를 이끌고 한양에 들어와 야밤중에 왕궁을 습격하고 국왕을 위협했다. 그러므로 초야의 사족과 백성들이 충군애국의 마음으로 비분강개하여 의병을 모아 일본과 싸웠다.

갑오농민군의 의로운 투쟁은 사람들을 격동시켜 반일 투쟁 역량의 성장을 가져왔다. 갑오농민군 해산 이후 농민전쟁 참가자들은 탄압을 피해 각 지역의 산으로 흩어졌는데 이들이 반일 의병운동의 싹이 되었다. 이들은 정부의 눈을 피해 곳곳에서 소규모 무장대를 조직하고 봉건 세력들과 일본군을 기습 공격하는 무장 투쟁을 벌여나갔다.

반일 무장 투쟁의 주 역량은 유생들 속에서 형성되었다. 유생은 유교를 신봉하고 이를 본업으로 하는 계층으로 당시 조선 인구의 약 20%를 차지하는 식자층이었다. 유생은 조선 봉건 제도를 유지하던 유학 신봉자였기 때문에 농민을 비롯한 민중의 봉건 철폐 투쟁에 반대했으며 때로는 동학 농민 탄압에 동참하기도 했다. 그러나 일본군의 경복궁 점령을 계기로 유생들도 반일 투쟁에 나서기 시작했다. 유생의 대표 인물인 유인석은 일본군의 경복궁 점령 사건을 놓고 "마침내 갑오년 6월 20일 밤에 이르러 우리 조선 삼천리 강토가 없어진 셈이다."라고 절규했다.

☙ 평안도 상원에서 시작된 첫 반일 의병운동 ☙

청일전쟁 이후 노골화되는 일본의 조선 강점 책동에 맞선 첫 의병대는 상원 반일 의병대였다. 일본은 청일전쟁 후에도 평안도에 군대를 계속 주둔시켜놓고 탄압과 약탈을 일삼고 있었다. 1895년

7월 평안도 상원에서 김원교가 187명의 백성과 유생들로 반일 의병대를 조직하고 일본군과의 혈전을 선언했다.

상원 반일 의병대는 상원읍을 습격하고 수안과 서흥에서 친일 관리들을 처단했으며 친일 주구의 집을 불태우면서 황해도 장수산으로 이동했다. 장수산에 본거지를 정한 그들은 8월 격문을 발표했다.

왜놈이 말하고 있는 이른바 개화라고 하는 것은 개화라고 말할 수 있겠는가? 개화라는 것은 사물을 발달시키고 백성을 교화한다는 것이요, 서로가 다 화목하게 지내자는 것이다. … 군대를 이끌고 왕궁을 침범하고 왕을 협박하여 보물을 빼앗고, 법제를 제멋대로 고치며 대신들과 장수들을 쫓아내고 무기를 약취하였으니 우리나라는 임금이 있어도 없는 것이나 다름없게 되고 나라가 있어도 없는 것이나 다름이 없게 되었다. … 개화가 아니라 바로 역적의 매국이며 왜놈들이 나라를 망하게 하자는 것이다. … 생각이 여기에 미치면 가슴을 칼로 베어내는 것과 같다. 그러므로 피눈물을 뿌리면서… 간악한 원수들을 숙청하고 백성들을 구제해서 우리나라를 깨끗이 한다면… 불과 물속에라도 뛰어들어가 나라를 위하여 생명을 바치고 싸움터에 주검을 남기고저 하니 위로는 하늘을 우러러 부끄럽지 않고, 아래로는 다른 나라의 충신들에게 못지않다고 생각한다.

이 격문에 호응해 전부터 활동했던 농민 무장대들이 장수산으로 모여들어 상원 반일 의병대는 급속히 강화되었다. 상원 반일 의병대는 세력이 확대되자 해주 공격을 준비했다. 의병대가 해주 공격을 준비하고 있다는 것을 내탐한 일본군은 8월 12일 장수산을 공격했다. 불의의 공격을 받은 의병대는 장수산을 포기하고 덕천으로 자리를 옮겼다. 그리고 인접한 맹산 일대로 세력을 넓히면서 적극적인 투쟁을 벌였다.

◉ 민비 학살과 단발령으로 촉발된 반일 의병운동 ◉

반일 의병운동은 1895년 10월 민비 살해 사건과 11월 단발령을 계기로 폭발적으로 확대되었다. 민비는 사대 매국 행위와 민중을 탄압 수탈하는 데 앞장섰던 인물이지만 한 나라의 왕비를 학살하는 행위는 국가의 주권을 짓밟은 포악 무도한 만행이었다. 이 사건은 충의충군 사상이 강했던 유생들에게 커다란 충격을 주었으며 민족적 분노를 불러일으켰다.

민비 학살이 일어난 지 한 달도 되지 않아 민족적 격분을 자아내는 '단발령 사태'가 터졌다. 1895년 11월 12일 일본은 정부에 단발령을 공포하도록 강요하고 단발령을 집행한다면서 사람들을 잡아다 머리카락을 베어버리는 소동을 일으켰다. 이것은 우리 백성의 민족적 감정을 훼손시켰으며 유생들의 격분을 폭발시켰다. '신체발부는 수지부모'라는 말이 골수에 박힌 유생들에게 단발

∘ 단발령으로 머리를 자르는 모습

령은 용납할 수 없는 일이었으며 민족적 풍습에 대한 난폭한 유린이었다. 유생을 비롯한 민중은 '국모의 원수를 갚고 왕권을 보호하자!', '목은 벨 수 있어도 머리는 깎지 못한다.'라고 외치면서 투쟁을 전개했다.

☯ 반일 의병대의 흐름 ☯

이 시기의 반일 의병장이었던 유인석은 유교를 숭상하며 천주교를 비롯한 서양 종교와 사상을 배척하는 위정척사론의 대표적인 인물로 1895년 11월 충청도 제천에서 반일 의병을 일으켰다.

그는 단발령이 공포되자 중국으로 유학 가는 것을 포기하고 유생들의 제의를 받아들여 제천 의병장이 되었다. 제천을 점령한 유인석은 1896년 2월 9일 '팔도의 의병에 호소한다'라는 격문을 발표했다. 유인석의 애국적 호소에

○ 춘천에 있는 유인석의 흉상

호응해 각지에서 민중들이 의병운동에 나섰다.

유인석 의병대는 의병대 활동을 방해하던 단양군수 권숙, 청풍군수 서상기를 처단하고 충주에 대한 공격을 준비했다. 당시 충주는 충청도 지방의 정치 군사 중심지로서 200여 명의 일본군을 비롯해 중앙군과 지방군이 각각 400명씩 있는 큰 성이었다.

유인석 의병대는 1896년 2월 16일에 충주성을 점령하고 성안의 백성들과 단결해 충주를 다시 빼앗으려는 일본군과 몇 번의 혈전을 벌였다. 총알도 부족하고 식량도 부족했지만 평민 출신의 선봉장 김백선은 낮에는 성 밖으로 나가 적들을 유인한 후 공격해 무기를 획득하고, 밤에는 일본군의 숙영지를 기습해 적들에게 심각한 타격을 주는 유능한 지휘관으로 유생 출신 지휘층의 한계를 극복했다.

3월 중순에 접어들면서 일본군의 대규모 공세가 감행되자 의병들은 일단 충주성에서 철수해 제천으로 갔다. 유인석 의병대의 충주성 점령은 일본에게 커다란 타격을 주었고 각지에서 활동하고 있던 의병운동을 크게 고무했다.

충주부는 2월 17일 이래 폭도들이… 우리 수비대가 몇 차례 이를 공격하였으나 중과부적으로 쉽게 함락시킬 수 없었으며 3월 5일 3개 중대가 힘을 합쳐… 겨우 성을 함락시킬 수 있었다.

1896년 2월에 들어서면서 춘천, 경기도 지방에서 활동하고 있던 의병대들은 서로 소통하면서 한양을 사면으로 포위했다. 당시 의병들이 장악하고 있던 남한산성전투 과정을 목격한 김윤식은 일기에 당시의 치열했던 상황을 적어놓았다.

저녁에 높은 곳에 올라가 남한산성을 바라보니 불길이 솟구쳐 오르고 대포 소리는 그치지 않았다.

남한산성 의병들의 투쟁에서 고무 받은 안성 지방의 의병들과 농민들도 남한산성으로 모여들었다. 일본군은 남한산성의 식량 수송로를 막으려 했으나 실패로 돌아갔다. 그러자 정부는 의병대 지휘부를 회유해 성을 함락시키려고 했다.

의병장 박준영은 광주유수를 시켜준다는 간계에 넘어가 3월 20일 밤 의병들에게 술을 먹여 잠들게 한 다음 적들에게 성문을 열어주었다. 적들이 성안으로 쏟아져 들어오자 의병대원들은 박준영 부자를 처단하고 성을 탈출해 역량을 수습한 후 경상도 지방으로 활동 지역을 옮겼다.

남한산성 방어 전투에서 패한 후 경기도와 충청도에서 의병대를 수습한 여주 의병장 심상회는 제천 의병대와 함께 여주, 이천, 충주, 가흥 일대에서 적들과 싸웠다. 이들은 20여 리 구간의 전주대를 뽑아버려 전선 가설 공사를 파탄시켰으며 충주-가흥, 충주-서울의 전신 연락도 할 수 없게 만들었다. 안동과 예천 일대의 의병들은 3월 26일 일본군 수비대를 습격했고, 3월 29일에는 의병대들이 연합해 일본군에게 타격을 주었다. 의병 활동으로 경기도, 강원도, 경상도의 통치 질서는 마비되었고 일본은 공포에 떨었다.

여주 부근에 전달된 정찰대의 보고에 의하면 우리의 척후병과 적의 보초가 충돌하였다. 적이 쏘는 총질을 맞받아 교전하게 되었는데 적의 세력이 매우 우세하여 후퇴하게 되었다. 이때 근방의 마을 인민들이 호응하여 나서므로 간신히 장호원으로 돌아왔다. 오후 1시에 장호원 부근의 인민들도 모조리 가담하여 이르는 곳마다 적이 없는 곳이 없었다. 이 정황으로 미루어 보건데 여주의 적은 매일 어디서인지 계속 증강되어 그 세력이 매우 크다. 거기에 철도 연선의 인민들도 가담하는 형세이므로 금후 얼마나 우세한 세력으로 될지 알 수 없다. 현재의 병력을 가지고서는 우세한 적을 격퇴할 수 없을 뿐 아니라 우편 선로 개통도 쉽지 않다고 생각한다.
– 일본 공사관 기록 일문

⊙ 의병대 해산의 원인 ⊙

19세기 말 반일 의병운동은 1896년 4월 말 하강 국면으로 접어들었다. 고종은 1896년 2월 11일 일본의 폭압이 무서워 러시아 공사관으로 도망친 후 자신과 왕가의 안전이 담보되었다고 생각하고 선유사*를 파견해 의병대 해산을 지시했다. 전라도를 순회하면서 의병대를 해산시키려고 한 신기선의 말을 보면 당시 선유사들의 논거를 알 수 있다.

"왕이 비밀 지시를 내려 의병을 장려한 것은 사실이지만 그것이 지금 집권자들이 왕을 협박하는 구실로 될 뿐이다. 그 때문에 더욱 문책을 당하고 있으며 환궁할 날을 기약할 수 없다. 당신들이 의병을 일으킨 것이 국왕의 권력을 되찾고 왕의 치욕을 씻으며 왜를 토벌하고 원수를 갚으려는 것이 아닌가? 그러나 결과는 도리어 왕과 신하가 따로 떨어져서 호령이 통하지 못하고, 왕의 뜻을 펼칠 수 없게 되니 왕의 뜻을 받들어 무기를 놓고 집으로 돌아가는 것이 충정을 다하는 것으로 되지 않겠는가?"

고종이 의병대를 해산하라는 조칙을 연이어 내리고 선유사를 파견해 회유한 것이 의병운동의 중단 요인이었다. 많은 의병장이

---

* 병란이 났을 때 임금의 명령을 받아 백성을 훈유하던 임시 벼슬

일본 침략자들과 친일 주구들이 설치고 있는 것을 보면서도 의병대를 자진 해산시켰다. 유생들이 죽을 각오를 하고 무장을 든 것은 충군사상 때문이었다. 그들 마음속의 조국애는 왕에 대한 충군사상으로 표현되었고, 왕을 떠나서 나라가 따로 존재하지 않았다. 그런데 왕에게 도움이 되지 않는다니 따르는 것이 도리라고 생각했고, 이러한 유생 출신 의병장의 사상적 한계가 의병을 해산시킨 원인이었다. 유생 출신이 많았던 지휘층의 계급적 제한성도 의병운동 중단의 원인이었다.

반일 의병대의 상층을 이루던 유생들은 봉건적 신분 질서에 대한 관념이 굳어 있어 민중의 힘을 믿기보다 양반 지배 계급의 행동 여하에 의병 활동의 성패가 달렸다고 생각했다. 이런 사상으로는 의병대의 힘을 발휘할 수 없었고 오히려 의병대의 단결과 전투력을 약화시켰다. 그 대표적 사례가 김백선 처형 사건이었다.

평민 출신인 김백선은 제천 반일 의병대를 조직할 당시 핵심적 역할을 한 사람이었으며 의병대의 선봉장이기도 했다. 그는 전투 때마다 큰 공을 세워 의병들의 큰 신임과 지지를 받았다. 그런데 의병장 유인석은 그가 평소에 양반을 존중하지 않는다고 못마땅해했으며, 김백선이 가흥전투 때 증원 부대를 보내주지 않은 중군장 안승우에게 대들었다고 그를 사형에 처해버렸다. 이러한 의병장들의 계급 의식은 의병대를 약화시켰을 뿐 아니라 발전을 가로막고 결국 해산의 길로 접어들게 했다.

봉건 유생들의 부족한 군사 지휘 능력도 의병운동 중단 원인이었다. 반일 의병대는 일본에 대한 적대심과 조국에 대한 애국심으로 충만해있었다. 무장 장비 면에서는 일본군에 비해 뒤떨어졌지만 정신적 면에서는 비할 바 없이 월등했다. 정치 사상적 우월성에 뛰어난 전략 전술적 지휘 능력이 결합되었다면 승리할 수 있었지만 선비 출신인 유생들은 전법 적용에서 대단히 미숙했다.

1895~1896년 반일 의병운동은 실패로 끝났지만 갑오농민전쟁과 청일전쟁 이후 안심하고 조선을 독점적 식민지로 만들려던 일본 침략자들에게 커다란 타격을 주었으며 우리 민족의 확고한 의지와 애국적 기개를 널리 떨쳐 보였다. 반일 의병운동으로 참가했던 민중들은 의병대가 해산된 후에도 여러 형태로 반침략 반봉건 투쟁을 벌여나갔다. 그 대표적인 사례는 영학당과 활빈당의 투쟁이다. 영학당 무장대는 1899년 5월에 전라도 흥덕, 고부, 무장 등지에서 일어났던 농민 봉기 참가자들이 주력을 이루고 있었다. 그들은 보국안민의 기치를 들고 각지에서 관청을 습격해 악질 관리들을 처단하고 감옥에 갇혀 있는 백성들을 구출했으며 토벌군과 맞서 싸웠다. 또 도처에서 일본군과 친일 주구들을 처단했다.

활빈당 무장대는 1900년 초에 충청도 강경포와 은진, 전라도 익산과 고산 등 중부 일대에서 활빈당이라는 이름을 달고 투쟁했다. 당시 활빈당 무장대의 투쟁 목적은 제국주의자들의 침략과 약탈, 봉건 지배층의 가혹한 수탈을 반대하고 가난한 사람들을 구원하자는 것이었다. 활빈당 무장대는 민중의 지지를 받으면서 도처에서 적들을 가차 없이 징벌하면서 비교적 오랫동안 싸움을 벌여나갔다.

일본의 수탈에 맞서 싸운
반일 의병운동

일본은 1904년 2월 8일 러일전쟁을 도발하면서 조선을 군사적 강점 지대로 만들어버렸다. 2월 23일 중립을 요구하는 조선 정부의 의사를 묵살하고 이른바 공수 동맹을 골자로 하는 한일의정서를 조작했다. 일본은 한일의정서를 통해 '황실의 안녕과 영토의 보존'이라는 명목하에 조선 정부로부터 러시아 침략에 필요한 모든 편의를 마음대로 보장받았으며 일본군의 전략상 필요에 따라 조선의 어떤 지역이라도 강점할 수 있는 권리를 빼앗아냈다.

조선을 군사적으로 강점한 일본은 7월 2일 서울-원산, 서울-부산, 서울-인천, 서울-평양 사이 전신선 및 군용 철도를 군율 시행 구역으로 일방적으로 선포했다.

1905년 1월 6일 일방적으로 한양과 한양 부근의 치안 경찰권을 박탈했고 군율의 조항을 확대해 언론 집회 결사 등 모든 정치 활동을 제한하며 일본군의 징발을 거부하는 자에게는 군율을 적용할 것이라고 선포했다. 일본은 군사적 폭력으로 협박해 우리나라의 막대한 재산과 자원을 약탈해갔다. 광대한 군용지의 사용, 철도 공사 및 군수품 운반에 인력 및 역축(소, 말 등)의 강제 징발, 군수 물자 징발, 산림의 남벌 등이 이루어졌다.

☯ 군사적 요충지가 되어버린 한양 ☯

일본은 군사적 제압에 이어 정치적으로 예속할 목적으로 1904년 8월 22일 한일협정서를 강압적으로 체결하고 재정고문과 외교고문을 임명해 조선의 재정 관리권과 외교권을 직접 틀어쥐었다. 이른바 고문 정치를 본격적으로 시행했다.

조선은 또다시 전쟁 마당으로 내몰렸다. 일본은 조선 사람들을 강제로 동원했고 제멋대로 처형했다. 이에 대해 박은식은 다음과 같이 규탄했다.

일본인은 우리의 전화, 우체 등의 통신 기관을 차지하였고, 일본 선박은 자유로이 우리 하천을 싸다녔으며 황무지 개간을 요구하였다. 산림을 채벌하고 포대를 쌓으며 푸줏간을 빼앗아갔다. 서북 지방의 여러 고을에서 세금을 징수하는 관리들을 내쫓

봉천전투
(1905.3)

청

봉천

블라디보스토크

백두산

회령

경성

의주

대호산

뤼순(여순)

평양

함흥

원산

동해

대한제국

한양

인천

동해해전
(1905.5)

일본, 뤼순(여순)항
공격(1904.2)

황해

일본, 러시아 함대 기습
(1904.2)

사모노세키

일본

러시아의
발트함대

→ 일본군 진로
✳ 주요 격전지
※ 날씨는 양력 기준

◦ 러일전쟁 시기 일본군의 진격로가 된 한반도

◦ 러일전쟁을 풍자한 삽화

고 그들이 가져갔으며 일본 헌병이 집회를 금지시켰다. 철도 군용지를 많이 차지하고 군수품과 사람들을 독촉하여 징용으로 끌어갔으며 각 부에 고문을 배치하고 세관의 세금과 재정을 강탈하였다. 우리 군사를 줄이고 백성들의 사유 토지를 빼앗았으며 만일 그에 응하지 않으면 아라사의 간첩이라면서 잡아 가두어 가혹한 형벌을 가하였으며 심지어는 죽이기까지 하였다. 남자를 죽일 때는 십자가를 세우고 머리를 거기에 매단 다음 새끼로 발을 묶어 달아매어 죽이거나 사지를 십자가에 결박한 다음 총을 쏘아 죽였는데 금방 죽지 않으면 고통을 견디지 못하여 슬피 울부짖는다. 부녀자들을 죽일 때는 그 목을 노상에 매달고 여러 사람에게 구경시킨다.

당시 일본은 한양에 약 5만 명의 일본군 병력을 집중적으로 배치하고 군사적 요충지로 만들어버렸다. 학교와 마을들이 병영장과 군대 숙소로 마구 점령되었다. 일본군의 약탈 만행은 한양에서 가장 극심했다. 그들은 군용지 수용과 군량미 조달을 위해 주둔 지역 주변 민가의 주택과 토지, 농산물을 마구 강탈해갔다. 이때의 상황을 〈황성신문〉은 '마치 끓는 물속에 있는 고기와 같으며 불타는 대들보에 닿은 새와 같은 처지에 있다'고 비유했다. 사태가 이에 이르자 민중들은 또다시 궐기해 반일 투쟁을 전개해나갔다.

이미 전부터 충청도 보령, 태안 은진, 홍주 등지에서 활동하던 농민 무장대들은 일제가 조선에서 전쟁을 일으켰다는 소식을 듣고 40~50 혹은 100씩 조직을 만들어 활동하였는데 지방의 관찰사, 군수는 수수방관하면서 어쩌지 못하고 있었다.

– 〈황성신문〉 1904년 2월 27일

경기도 여주, 지평 지방은 20세기 초 반일 의병운동이 먼저 일어난 고장이었다. 일제의 강도적 만행을 직접 겪게 된 한양 부근과 여주 민중들은 일제를 물리치기 위한 애국적 열의에 충만되었다. 그들은 1904년 3월경부터 손에 무장을 들고 일제를 반대하여 투쟁에 떨쳐나섰다.

– 〈황성신문〉 1904년 9월 22일

1904년 4월 25일 충청도 민중들은 경부철도회사 하리파출소를 습격하였으며 4월 27일에는 경인선 오류동 부근에서 일본군을 처단하였다. 또 5월 10일에는 경인선 소사에서 투쟁을 벌였다.

–《경성부사》

민중들의 투쟁에 고무된 군인들도 1904년 7월 24일 일본의 만행에 격분해 한양 교외에서 일본 거류지를 습격했다. 1904년 9월 홍천 지방에서는 의병운동을 호소하는 격문이 나돌았는데 내용은 다음과 같았다.

근래 왜놈들이 우리나라 깊이에까지 침입하여 먹을 것과 입을 것을 약탈하고 있으니… 자유로운 생활을 할 수 없게 되었다. 얼마간이라도 혈기와 의분을 가진 사람이라면 어찌 이것을 알아서 가만히 죽음을 기다릴 수 있겠는가. 요즘 한양, 여주, 지평 및 본 군에 이르기까지 여러 곳에서 의병들이 일어나서 나라를 위하여 큰일을 해보려고 맹세하였으니 비록 죽더라도 후회하지 않을 것이다. 본 의병장이 10년간 힘을 길러온 것은 실로 오늘과 같은 때를 위해서이다.

– 〈황성신문〉, 1904년 9월 22일

☯ 평안도 지역의 의병운동 ☯

평안도에서도 의병운동이 활발했다. 일본 군대가 평안도를 통과하면서 약탈 만행이 심했기 때문이다. 의주에 들어온 일본군은 군대를 수용할 수 있는 민가를 점령하는가 하면 백마산성에 1개 대대의 병력이 주둔하겠다면서 필요한 물자를 하룻밤 사이에 마련해놓으라고 닦달했다. 게다가 서울–의주 사이의 철도와 군용 도로를 닦기 위해 수많은 인원을 강제 동원시켰다.

격분한 평안도 반일 의병대가 들고 일어났다. 소규모로 조직된 의병대들은 일본과의 정면충돌을 피하고 적들이 가설한 군용 전신선을 끊어버리며 활동했다.

1904년 12월 유인석의 지휘로 평안도에서 반일 의병대가 조직되었다. 유인석은 1895년 제천 의병대 해산 이후 1896년 중국으로 갔다가 1900년 다시 국내로 들어와 활동하면서 평안도 30여 개 군에 유교 단체로 위장한 종유계를 조직하고 반일 의병운동을 준비해나갔다. 여기에 농민뿐 아니라 군인들과 지방 관리들까지 호응했으며 1904년 12월 말 태천을 중심으로 개천, 구성, 박천, 용천, 곽산, 철산, 삭주, 순천, 자산, 중화, 강동, 용강 등지에 반일 의병대가 조직되었다. 의병대는 총대장을 유인석으로 하고 그 밑에 각 지방 의병대장을 두는 형태로 구성되었다.

의병대는 일본의 군사 활동을 지원하는 친일 단체 일진회의 저녁 회원들을 공격하는 한편 한양에까지 진출해 일진회 회원 처단 활동을 전개했다. 유인석 휘하의 서상무는 1904년 12월 충주로 달려가 의병 격문을 전달하고 400~500명의 의병을 모집해 한양으로 집결시켰다.

12월 24일 조선 순검, 군인들과 연계를 맺고 일진회 청사로 쳐들어가 일본 헌병대와 육박전을 벌이기도 했다. 평안도 반일 의병대의 일진회 청사 습격 전투로 인해 일진회가 매국 배족적 친일 앞잡이 단체라는 사실이 밝혀졌고 일진회와 일본 침략 세력에 큰 타격을 주었다.

평안도 민중들도 자신들을 '동학도', '동도'로 자칭하면서 각지에서 일본의 조선 침략을 반대하고 친일 주구를 처벌하자는 맹세의 회합을 가졌다. 1904년 9월과 10월 사이에 태천, 성천, 강동, 양덕, 삼등, 순천, 영유, 영원, 덕천, 희천 지방에서 맹세 모임이 있었으며 성천에 모인 민중들은 깃발을 들고 곡산 지방으로 시위행진까지 했다. 1904년 10월 말 희천에서도 1,000여 명이 모여 투쟁 기세를 높였다.

여기서 잠깐 악명 높은 일진회에 대해 이야기하고 넘어가자. 일본이 러일전쟁을 도발하고 조선에 침략의 마수를 뻗친 기회를 이용해 윤시병은 유신회, 이용구와 진보회를 조직했는데 이들이 일진회로 합쳐졌다. 이들은 일본 침략의 앞잡이가 되었다.

의병대들은 일본의 조선 침략에 적극적으로 협력한 일진회를 공격했다. 전라도의 기우만은 1904년 12월 유생 조직인 종유회를 의병대로 전환시켜 일진회를 공격했다. 지방 관청이나 주둔 부대도 종유회와 긴밀히 연계하며 일진회를 공격했다. 김제군수 대리는 일진회 지회 사무소를 습격해 회원을 체포했으며 지평의 맹일호는 포대를 설치해 일진회를 공격했다. 이외에도 원주, 공주, 전주 등지에서 일진회를 배척하는 창의소를 설치하고 습격했다.

김윤식의 일기인 《속음청사》는 그때의 상황을 묘사하고 있다.

도처에 종유회가 있어 일진회 타파를 업으로 하였는데 의병이라고 하였다. 전라북도는 기우만이 우두머리였는데 공주의 (종)유회는 일진회를 공격하여 사상자가 많이 나서 (일진회는) 마침내 해산되었다. … 일진회 경성 본부에서는 각 도의 일진회가 한양에 올라오도록 하였는데 연이어 상경하였다.

☯ 반일 성격이 명확해진 1905년대의 의병 활동 ☯

반일 의병대의 조직과 활동은 1905년에 들어서면서 더 뚜렷해졌다. 4월에는 경기도, 강원도, 충청도, 경상도 일대에서 의병대가 조직되었다. 1905년 5월 24일 충청도 중산군 원일면 순당리에서는 300여 명의 의병이 일본 토벌대를 유인해 한곳에 몰아넣고 집중 사격으로 처단했다.

일본은 러일전쟁 시기 함경도 지방에서 러시아 군대를 밀어내기 위해 1개 사단 병력을 집중시키고 부령 지방에 연 11만 4,500여 명에 달하는 조선인을 강제 동원해 성진항의 군수 물자를 전투 지역까지 운반시켰다. 이에 1905년 7월 부령 지방에서 평민들로 구성된 노랑포수 반일 의병대가 활동을 개시했다. 노랑포수란 함경도 부령 포수들이 산짐승 사냥에 유리하게 옷을 떡갈나무로 누렇게 물들여 입어서 붙여진 별명으로 황병길이 지휘하는 포수 100여 명으로 만들어진 유격대였다. 이들은 1905년 7월 23일 함경도 부령군 백사봉 골짜기에서, 7월 28일에는 신틀바위에서, 8월 초에는 회령군 옥성동에서 일본군을 소탕했다. 일본군의 토벌이 강화되자 다시 투쟁을 벌일 계획으로 두만강을 건너 연해주으로 들어갔다.

1905년 8월 강원도 원주에서 유인석의 영향을 받던 원용팔이 100여 명으로 조직된 반일 의병대를 이끌고 충청도 영춘군과 단양군으로 와서 이 일대의 포수들을 포섭하면서 조직을 확대해나갔다. 의병장 원용팔이 체포되었다는 소식을 들은 정운경은 1905년

9월 단양에서 의병을 일으켰다. 정운경도 체포되자 흩어진 의병들은 수십 명씩 집단을 만들고 우체소를 습격하고 전선을 끊고 일본인 거류지들을 습격했다.

일본은 단양의 의병 300명이 영천읍을 습격해 우체소를 파괴하고 주사, 서기를 처단했을 뿐 아니라 풍기, 예안에서도 같은 사태가 일어났다며 비명을 질렀다. 충청도 공주, 서산, 해미, 홍주, 충주, 청양, 보은 등지에서도 반일 의병대가 일본의 통신 기관을 파괴했다.

일본은 러일전쟁 후 전쟁 기간 가설했던 전신선을 넓은 지역으로 확대했으며 침략을 위한 우편 사업을 강화하고 있었다. 이에 각지의 의병들은 전신선 끊기와 우편물 탈취, 우편배달부 처단 등의 활동을 벌여나갔다. 1905년 10월 16일 충청도 단양의 의병 200여 명은 경상도 순흥읍을, 10월 17일에는 의병 300여 명이 경상도 영천읍을 습격해 우편소를 파괴하고 주사와 서기를 처단했다. 경상도 풍기, 봉화, 여안, 안동을 비롯해 강원도 평창, 영월, 정선, 강릉, 횡성, 홍천 등지에서도 우편물을 탈취하고 일본인 우편배달부를 처단했다.

1905년 의병대 활동을 살펴볼 수 있는 완전한 자료는 없으나 〈황성신문〉이나 〈대한매일신보〉등에 의하면 당시 화적, 적당, 비도 등의 이름으로 불린 의병대 활동은 1905년 한 해 동안만 해도 200여 차례 펼쳐졌다고 한다.

을사조약을 반대한
의병들의 투쟁

　1905년 11월 17일 일본은 조선의 외교권을 박탈하는 을사조약을 강행했다. 일본은 이를 극비에 붙였고 조선의 모든 출판에 대한 사전 검열 통제를 강화했다. 그러나 11월 20일 〈황성신문〉 주필 장지연이 이를 폭로 규탄하는 논설 '시일야방성대곡'을 발표했다.

　을사조약의 내막이 드러나자 일본은 헌병을 동원해 〈황성신문〉을 폐간시키고 장지연을 체포 구금했다. 그러나 다른 신문들이 일본의 〈황성신문〉 탄압을 규탄하며 〈황성신문〉의 논설 내용을 크게 보도하자 이것이 도화선이 되어 민중의 분노가 폭발했다.

시일야방성대곡

천하의 일에는 헤아리기 어려운 일이 많다.

천만뜻밖에 5조약이 제출되었다.

이 조약은 비단 조선을 망하게 할 뿐 아니라 실상 동양 3국의 분열을 빚어낼 조짐이라 할 수 있다.

그러면 이토의 본래의 주의가 과연 어디에 있었는가.

그는 비록 그렇다 하더라도 우리 대황제 폐하의 거룩한 뜻이 강경하여 거절하였은즉 그 조약이 성립되지 못한 것은 이토 스스로가 알았을 것이다.

아 통분하다.

우리 2천만 국민이 노예가 되어 살아야 하는가 죽어야 하는가.

건국 이래 4천 년 국민정신이 하룻밤 사이에 갑자기 멸망하고 말았단 말인가. 비통하다.

◉ 을미조약에 대한 민족적 분노와 항거 ◉

전국 방방곡곡에서는 '매국 조약 폐기하라!', '왜적을 몰아내라!', '5적을 처단하라!'는 구호가 세차게 울려 퍼졌다. 한양에서는 사람들이 거리로 뛰쳐나와 격분에 찬 눈물을 흘리며 일본과 나라를 팔아먹은 매국노들을 규탄하는 목소리를 높였다.

학생들은 일제히 동맹 휴학을 하고 상인들은 영업을 중단했다. 관리들과 유생들도 일본과 이완용을 비롯한 친일 역적의 죄행을 단죄하는 투쟁을 전개했다. 조병세를 비롯한 일부 관리들은 이완용을 포함한 을사오적을 처단하고 매국적인 을사조약을 무효로 선포할 것을 요구하는 상소를 올렸다. 관리들의 상소 투쟁이 벌어지자 일본 헌병은 상소를 올린 관리들을 체포 구금했다.

상소 투쟁마저 가로막히자 시종무관 민영환, 의정 조병세, 참정 홍만식 같은 일부 관리들은 망국적 조약을 강요당한 민족적 수치와 울분을 참을 수 없어 자결로써 항거하기도 했다. 이들을 따라 연쇄적으로 시위대 군인 김봉학을 비롯해 인력거꾼 사이에서도 자결하는 이들이 속출했다.

청년들도 대담한 투쟁을 전개했다. 청년 원태우는 을사조약 날조 후 열차를 타고 수원을 지나던 이토 히로부미에게 돌을 던져 중상을 입혔고, 또 다른 청년 집단은 매국노 이완용의 집에 불을 질렀다.

1905년 12월 초 대구에서는 차관을 미끼로 징세권을 빼앗은 일본인들이 세금 납부를 독촉하자 납세 거부 운동을 벌이며 일본인들을 처단해버렸다. 이에 한양에 있던 일본 헌병 300명을 투입해 진압하려 했으나 그들은 굴하지 않고 완강하게 투쟁을 전개해나갔다.

한양과 지방의 여러 도시에서는 연일 조약 파기와 을사오적 처단을 요구하는 군중집회와 시위 투쟁이 일어났다. 조선 민중의 민족적 분노와 항거는 전국 각지에서 반일 의병대가 새롭게 조직되어 반일운동으로 발전했다.

◉ 전국으로 확산된 반일 의병운동 ◉

1906년 초부터 그해 6월에 이르는 반년 사이에 의병운동은 전국 60여 개 군에서 벌어졌다. 을사조약을 반대하고 국권을 회복하기 위해 가장 먼저 궐기한 의병대는 1905년 12월 평안도 통천을 중심으로 조직된 전덕원 반일 의병대였다. 전덕원은 한양으로 올라가 조약 무효화를 위한 상소 투쟁을 벌였으나 일본의 탄압으로 유생들이 체포되자 통천으로 돌아와 가산을 팔아 무기를 사들이고 의병대를 조직했다.

경상도에서는 1896년 안동 의병장이었던 김도현이 의병을 조직할 계획을 세웠다. 그는 을사조약 강제 체결 소식을 듣고 한양으로 올라가 상소 투쟁을 벌이다가 좌절한 후 안동의 도산서원을 중심으로 의병을 일으킬 준비를 갖추었다. 4월 의병을 일으켜 역적들을 소탕하라는 고종의 비밀 지시를 받은 그는 1906년 1월 하순 삼남의 여러 고을에 의병을 호소하는 격문을 띄웠다. 여기에 호응해 여러 지역에서 유생들과 민중들이 모여와 안동 의병대는 활기를 띠게 되었다. 그러나 본격적인 활동을 하기도 전에 안동 지방군의 탄압을 받아 김도현은 체포되고 말았다. 김도현의 의병대 조직계획은 안동 지방군의 습격을 받고 좌절되었으나 경상도 유생들을 반일 투쟁으로 궐기시키는 데 큰 역할을 했다.

경상도에서는 고종의 시종관인 정환직의 아들이 의병대를 조직했다. 정환직은 고종의 비밀 지시를 받고 아들 정용기를 고향인 영천으로 내려 보내 의병을 조직하도록 했다. 영천에 내려간 정용기는 유생들과 의병을 일으킬 계획을 토의하고 주변 고을에 격문을 띄웠다. 이에 호응해 모인 유생들과 함께 1906년 3월 삼남창의소를 설치하고 의병대를 조직했다.

정용기 의병대는 청하읍을 향해 진격했다. 그러나 진격 도중 정용기는 경주 지방군의 교활한 술책에 넘어가 체포되고 말았다. 정용기에게서 의병대를 인계받은 중군장 이한구는 의병들을 거느리고 계속 전진해 청하, 경주 일대를 공격했으나 적들의 역습을 받고 의병대를 해산하고 말았다.

정용기가 죽자 아버지 정환직이 의병장으로 나서 1907년 9월 3일 청하분견소를 습격했으며 10월 29일에는 흥해분견소를 쳐들어가 무기를 탈취하고 우편 취급소를 습격했다. 그는 11월과 12월 신녕, 청흥, 흥해 일대의 일본군을 공격했다. 정환직 의병장은 무기와 식량이 떨어지자 다시 의병운동을 준비하려고 강원도로 가던 도중 1908년 2월 11일 체포되어 살해되었다. 정환직이 희생된 후 중군 이세영과 같은 인물들이 동내산을 중심으로 의병 활동을 계속해나갔다.

🍏 의병대, 일본군을 격파시키다 🍏

1906년 봄부터 민종식은 충청도 정산에서 의병을 일으킬 준비를 했다.《매천야록》에는 전 참판 민종식이 나라에 조성된 위기를 통분하면서 재산을 털어 무기를 구하고 의병 궐기를 호소하자 충청도의 선비들과 백성들이 매일 모여들었다고 기록되어있다. 민종식 의병대는 홍주성 공격을 계획하고 서천 비인, 남포로 진격해 일본의 통치 기관을 습격했으며 서천군수 이종석과 남포군수를 체포했다.

선유사의 해산 강요에 굴하지 않고 남포에서 지휘부를 새로 꾸렸다. 식량과 무기를 구입하고 탄알도 자체로 만들었으며 군사 훈련도 실시했다. 민종식 의병대는 일본군이 감춰뒀던 대포까지 찾아내어 대포 80문, 소총 600정가량의 무기가 있었다.

전투 준비를 마친 그들은 1906년 5월 19일 홍주성을 공격했다. 홍주는 충청도 교통의 중심지였기 때문에 경무서와 지방 군대도 있었다. 의병대의 공격이 개시되자 일본군과 경찰대, 지방 군대들은 공격을 막아보려고 했으나 홍주성을 의병대에 내주고 예산 덕산 지방으로 쫓겨났다. 이 전투에서 의병대는 일본군이 버리고 간 대포 10문을 비롯한 많은 무기와 탄약을 노획했다. 민종식 의병대의 홍주성 점령 소식을 듣고 예산, 선산, 해미, 덕산 지방의 반일 의병대들이 성안으로 몰려왔고 그 결과 의병대는 더욱 강화되었다.

홍주성이 의병대의 수중에 들어갔다는 급보를 받은 통감 이토 히로부미는 남부 지방에 있던 일본군을 홍주성 공격으로 급파했다. 의병대는 5월 20일과 21일 홍주성에 급파된 일본의 공주 경무부 경찰대, 수원 헌병대와의 치열한 싸움 끝에 일본군을 좌절시켰으며 5월 22일에도 공격을 물리쳤다. 5월 25일 도망갔던 일본의 수원 헌병대가 다시 공격해왔지만 네 시간 동안 치열한 공방전을 벌려 의병대는 또다시 대승을 거두었다. 5월 28일 일본은 한양에 있던 헌병대를 출동시키고 패잔병까지 모아 다시 대규모 공격을 감행했으나 또 의병대에게 참패를 당했다.

거듭되는 참패에 질겁한 일본군 사령관 하세가와는 직접 토벌대를 편성해 홍주성으로 내려왔다. 의병대는 신식 무기로 중무장한 400여 명의 일본군과 안동, 청주의 군대 병력 200여 명 등 600여명의 토벌대와 싸워야 했다. 토벌대는 5월 30일부터 홍주성을 포위하고 포 사격을 퍼부으면서 집중 공격을 가했으나 의병대는 대포를 발사하면서 맹렬한 반격을 가해 일본 토벌대의 공격을 좌절시켰다. 여러 차례의 정면 공격에서 거듭 패전한 일본 토벌대는 5월 31일 일진회 회원들을 내세워 성 문을 폭파시키고 성안으로 물밀듯이 들어갔다. 의병들은 집중 화력을 퍼부어 토벌대에 큰 피해를 입혔으나 오랜 전투 끝에 탄알이 떨어지고 사상자가 늘어나 패하고 말았다.

이 전투에서 참모장 김상덕을 비롯해 100여 명이 희생되었고 80여 명이 체포되었다. 적들의 포위를 뚫고 빠져나간 민종식은 10월 충청도 예산에서 다시 의병을 조직하려다가 11월 중순 일본군의 습격을 받고 희생되었다.

⚐ 최익현의 반일 활동 ⚐

최익현은 을사오적을 없애야 된다는 토적소를 고종에게 제출하고 국권 회복을 위해 나설 것을 호소하는 격문을 발표하면서 반일 활동을 벌였다. 그는 판서 이용원, 김확진, 관찰사 이도재, 참판 이성렬, 이남규에게 편지를 보내 나라를 위기에서 구하기 위해 떨쳐 일어나자고 호소했으나 호응이 없자 태인으로 내려가 임병찬과 함께 의병대를 조직하려고 했다.

전 판서 최익현이 작년 겨울 상소 후 정산에 들어가 의병을 일으키려 하였는데 왜인이 탐지하고 그의 집에 파수를 세웠다. 익현이 병을 칭하고 낮에 책을 보다가 적들이 해이한 틈을 타서 도망쳐 태인에서 임병찬과 만났다. 임병찬은 전 안악군수였는데… 최익현의 충의에 감동되어 평소에 서로 왕래하였다. 최근에 나라의 형편이 이미 기울어졌음을 보고 재산을 팔아 사람들을 모으고 무기를 사들여 때를 기다렸다. 홍주성전투의 패보를 듣고 인심이 떨어져 발붙일 곳이 없는데 오직 호남만이 완전하고 또 최익현의 문하생들이 많아… 익현에게 태인에 가서 의병을 일으키자고 권고하였다. 13일 무성서원에 들어가 단에 올라 사람들과 맹세하니 따르는 유생이 80명이나 되었다.

－《매천야록》

1906년 6월 4일 최익현은 한양으로 쳐들어가 조선 침략 원흉인 이토 히로부미, 조선 주둔군 사령관 하세가와 등과 담판을 벌여 을사조약의 무효를 선포하고 만일 적과의 싸움에서 패하는 경우 죽어서 귀신이 되어서라도 기어이 일본 놈들을 쳐서 없애겠다는 창의토적소를 발표하고 의병대를 소집했다.

또 일본의 범죄 행위를 폭로 단죄하는 16개 조항으로 구성된 성토문을 발표했다. 최익현은 고관 대신에서 백성에 이르기까지 떨쳐 일어나 역적을 처단하고 오랑캐를 소멸해 씨종자를 없애야 한다고 강조했다.

최익현 의병대는 전주를 근거지로 삼아 한양으로 쳐들어갈 계획을 세우고 전주로 진출했으나 일본군의 많은 병력을 보고 방향을 바꾸어 6월 5일 정읍을, 6월 7일 순창을 공격했다. 정읍전투와 순창전투에서 승리해 무기와 군수 물자를 확보한 최익현 의병대는 6월 8일에는 곡성으로 진출해 호남 각 고을에 의병 참가를 호소하는 격문을 발표하고 다시 순창으로 돌아가 일본군의 토벌에 대응할 태세를 갖췄다.

순창을 의병대에 빼앗겼다는 소식을 보고받은 정부에서는 전라도 관찰사에게 도의 지방 군대를 총동원하라는 명을 내렸다. 그에 따라 남원과 전주, 광주의 지방군이 순창으로 출동했으며 뒤따라 일본군도 들어왔다.

6월 11일 최익현 의병장은 투항을 설교하는 적들에게 끝까지 싸우겠다는 의지를 밝혔다. 그런데 문제가 발생했다. 공격해오는

◦ 쓰시마섬으로 압송되는 최익현

◦ 체포된 의병들

적들이 일본군이 아니라 전주와 남원의 지방군이라는 것을 알게 되자 최익현은 임병찬과 진위대(지방 군대)에게 동족상쟁을 중지하자고 호소했다.

"만일 왜놈의 군대라면 당연히 결사적으로 싸우겠으나 진위대라면 이는 우리인데 어찌 차마 할 수 있겠는가!"

그러나 진위대는 의병대를 무자비하게 공격했다. 적탄이 빗발치는 속에서 의병대는 흩어지고 최익현과 지휘관들은 체포되고 말았다. 최익현은 8월에 쓰시마섬 감옥에 투옥되었다.

"결코 적의 물과 낟알을 먹지 않겠다."

그는 단식 투쟁을 벌이던 끝에 1907년 1월 1일 73세의 나이로 순국했다. 황현은 최익현 의병대가 패하게 된 것에 대해 다음과 같이 기록했다.

> ··· 최익현은 평소에 명망이 높았고 충의는 당대에 뛰어났다. 그러나 군사에 익숙하지 못하고 나이 또한 늙었으며 기묘한 꾀나 일정한 타산도 없었다. 수백 명의 오합지졸은 전혀 규율이 없었고 군사로 된 유생들은 큰 관을 쓰고 소매가 넓은 옷을 입어 마치 과거 시험장에 나가는 것 같았으며 총탄이 어떤 것인지 알지 못하였다.
>
> ─《매천야록》

☯ 평민 출신 의병장들의 활약 ☯

최익현 의병대가 패했다는 소식에 분노해 전 평해군수 강재천
이 의병을 조직했다. 그가 조직한 300명의 의병은 구례, 동복, 담양,
순창을 공격해 동복에서 20여 명, 순창에서 30여 명의 일본군을 사
살하고 1907년 1월 초 장성군을 습격했다. 여기서도 뜻밖의 문제
가 발생했는데 선봉장 이상윤이 백성의 재산을 징발하자 강재천
은 '일본군을 소멸하고 역적을 사살하여 국권을 회복하고 백성들
을 구하는 것이 기병의 목적인데 기병의 뜻을 알지 못하는 도적 행
위'라고 탄식하며 의병대를 해산해버렸다.

충청도와 전라도 일대에서 민종식 의병대와 최익현 의병대가
해산된 후 경상도에서는 평민 출신 의병장들이 출현해 적극적으
로 활동했다. 대표적인 경우가 신돌석(본명 신태호) 의병장이었다.

신돌석은 1906년 4월 경상도 영양에서 의병대를 조직하고 무기
와 군수품을 마련한 후 평해, 울진 등지로 진격하면서 일본의 통치
기관을 습격 파괴하고 친일 역적들을 처단했다. 일본은 모든 수단
을 다해 그를 생포하려 했으나 불가능했다.

신돌석 의병대는 경주 의병대와 연합해 1906년 5월 봉화와 안동
에서 토벌에 나선 진위대를 격파했고 지하 자원을 약탈하던 일본
침략자들을 처단했다. 또한 영양을 중심으로 평해, 울진, 강릉, 삼청,
영해, 영덕, 진보, 청송, 의성 등지를 공격해 일본 통치 기관을 파괴
했으며 약탈한 재물을 민중들에게 나누어주었다.

신돌석 의병대의 활동이 활발해지자 일본군은 6월부터 대구, 원주, 경주 진위대를 총출동시켜 대대적인 토벌을 감행했다. 신돌석 의병장은 대규모 토벌에 맞서 주로 태백산맥 산악 지대에서 싸우면서 때로는 해안선에 나타나기도 하고, 때로는 도시를 불의에 공격하기도 하면서 적들을 수세에 몰아넣었다.

◦ 신돌석(출처; 한국독립운동정보시스템)

신돌석 의병대는 적들의 거듭되는 공세를 물리치면서 11월에는 일월산, 백암산, 대포산, 동대산 일대를 중심으로 활동을 벌이면서 적들을 공포에 떨게 했다.

신돌석은 1906년 4월 영릉 의병대의 의병장으로 활약하다가 1908년 11월 현상금에 눈먼 부하 김상렬 형제에게 피살당할 때까지 30년이라는 짧은 세월을 불꽃처럼 살다 간 평민 출신 의병장이었다. 그는 2년 8개월간 경상도 영양, 봉화, 진보, 청송 등의 산골과 울진, 평해, 영해, 영덕 등의 동해안과 삼척 등 강원도 동해안을 넘나들며 숱한 전투를 치렀고, 2차에 걸친 일본군의 대규모 토벌 작전과 신돌석 생포 작전에도 끝내 잡히지 않고 산악을 근거지로 유격전을 벌였던 인물이었다.

◉ 1904~1906년 초의 반일 의병운동 ◉

이 무렵의 의병운동을 좀 더 살펴보자. 전라도 광주의 고광순 의병대는 1907년 1월 고제량, 고광훈 등과 함께 의병대를 조직하고 담양, 능주, 장성 등지에서 적들을 공격했다. 일본이 한양에 통감부를 설치하고 식민지 통치를 강화하는 데 격분한 양한규는 1906년 말 경상도와 전라도 사람 1,000여 명으로 의병대를 조직했다. 그는 1907년 2월 남원성을 점령하고 적들을 완전 소탕하려다가 추격 도중 희생되었다.

양한규 의병대와 함께 남원성 공격에 참가했던 고광순 의병장은 4월 25일 화순읍을 공격해 일본 거류민의 집을 파괴했다. 적들의 습격으로 부대를 잠시 해산시킨 고광순은 9월 중순부터 지리산을 근거지로 의병 활동을 확대하려고 했지만 1907년 10월 적들의 습격에 희생되었다.

1907년 4월 경상도 남동부의 정용기 의병대는 청하, 포항, 영천 등에서 활동하면서 신돌석 의병대를 비롯한 인접 지역 의병대와 연합 혹은 단독으로 일본군 및 진위대와 전투를 벌였다. 황해도에서는 유생 우동선이 신청, 장연, 봉화 등지에서 사람들을 모아 의병 활동을 펼쳤으며 영안 평산에서는 이진용, 조맹선 등의 지휘하에 의병 활동이 활발하게 전개되었다.

1904~1906년 초에 벌어진 반일 의병운동은 이전 시기의 의병운동과 구별되는 특징이 있다. 그것은 의병대 지휘층 구성에서 변화

가 일어나고 여러 계층이 참가함으로써 의병대의 폭이 넓어졌다.

19세기 말 의병 지도층이 유생들이었다면 이 시기에는 신돌석, 김순현을 비롯한 평민 출신 의병장들과 노동자, 지식 청년들도 참가했다. 1906년 강릉에서 교원의 지도 아래 200명의 학생이 일진회 사무실을 습격하고 반일 의병운동에 참가했으며, 12월에는 충주에서 광산 노동자들이 의병에 궐기했다. 이것은 러일전쟁을 빌미로 한 일본의 무력 침략과 을사조약이 강요된 후 나타난 움직임이었다.

이 시기에는 소규모 반일 의병대들이 큰 의병대로 통합되었다. 민종식의 지휘하에 정산과 청양의 의병대가 통합되었으며 비인과 남포의 의병대들도 통합되었다. 1906년 초부터 경상도 청송, 의성, 영해, 영양의 의병대들이 신돌석 의병대를 중심으로 통합되었고, 최익현 의병대를 중심으로 순창, 구례, 광양, 장성 등지의 의병대들이 통합되었다.

비록 이들의 투쟁은 실패했으나 반일 의병대들의 통합은 의병운동이 새로운 단계로 들어섰다는 것을 보여주었다. 또 이 시기의 의병운동은 국권 회복, 구국 항전의 뚜렷한 목표와 구호를 제기했다. 이러한 특징은 이후 반일 의병운동을 확대 발전시킬 수 있는 토대가 되었다.

전국적 규모로 확대된
반일 의병운동

　반일 의병운동은 일본에 의한 고종의 강제 퇴위와 정미7조약 날
조 후 조선 군대의 강제 해산을 계기로 1907년 7월과 8월 이후 전
국적 규모로 확대 발전되었다.

　일본에게 국권을 빼앗긴 후 여러 차례에 걸쳐 유럽과 미국에 밀
사를 보내 독립을 호소하던 고종은 1907년 6월 헤이그에서 열린
제2차 만국평화회의에 기대를 걸고 이상설, 이준, 이위종을 밀사로
보냈다. 그러나 미국과 영국의 냉대로 참석조차 못하게 되자 울분
을 누를 길 없었던 이준은 제국주의자들의 위선과 추악성을 폭로
하면서 자결로써 항거했다.

　우리나라가 일본에게 종속되기를 원한다고 모든 나라를 속였기

때문에 유럽 사람들이 반신반의하였는데 이때에 와서 진상이 다 드러나 왜놈들은 변명할 말이 없게 되었다.

–《매천야록》

일본은 을사조약을 끝까지 반대하는 고종을 제거하고 새로운 조약을 날조해 식민지 통치를 더욱 강화하려고 했다. 이완용 내각은 7월 6일 고종에게 직접 일본 천황에게 사죄하든가 아니면 대한문에 나가 조선 주둔 사령관 하세가와에게 사죄하든가 둘 중 하나를 택하라고 위협했다. 7월 18일 이토 히로부미는 직접 고종에게 황제 양위를 강요해 나섰고 7월 19일 고종은 황태자에게 군국사무를 대리시킨다는 조칙을 발표했다.

이 소식을 들은 한양 백성들은 남녀노소 할 것 없이 절구공이와 몽둥이를 메고 나와 거리를 메웠으며 학생들도 구름처럼 모여 끝까지 투쟁할 것을 호소했다. 그들은 종로 거리에 모여 결사회라는 깃발을 세우고 달려드는 일본군과 유혈 충돌을 일으켰다. 정부 각 부처는 사무를 중지했고 상인들은 점포를 닫았으며 '일진회는 모두 왜놈'이라면서 수십 명을 처단했다.

7월 18일 밤 2,000여 명의 시위 군중이 종로에 모여 일본의 침략을 규탄하면서 투쟁을 계속하는 가운데 동우회 성원들은 결사대를 조직했다. 대한자강회를 비롯한 애국문화운동 단체를 선두로 수많은 군중이 종로에서 집회를 시작했으며 일진회 기관지인 〈국민신문사〉를 습격했다.

7월 19일 아침, 고종의 양위 소식이 전해지자 평화적 시위는 점차 폭동적 성격으로 변해갔다. 일본 경찰이 시위대를 총칼로 막아서자 기와와 돌을 던지면서 맞서 싸웠으며 민중들의 투쟁에 고무된 군인들도 합세했다. 일본군이 시위 군중에게 사격을 가했다는 소식이 전해지자 100여 명의 군인이 무장을 갖추고 병영을 나와 투쟁에 합류했고 종로경찰서를 습격했다. 군인들까지 시위에 합류하자 일본은 경운궁을 점령하고 왜성대(중구 예장동)에 포 6문을 설치했다. 기관총으로 중무장한 일본군은 용산 무기고를 장악했다.

☯ 군인들의 반일 폭동 ☯

헤이그 밀사 사건을 구실로 고종을 강제로 퇴위시킨 일본은 7월 24일 정미7조약을 날조했다. 정미7조약은 군대 해산, 사법권 위임, 관리 임용권 위임, 경찰권 위임 등으로 이루어져 있었으며 입법, 행정, 사법과 관리 임명까지 조선 정부의 내정권을 완전히 박탈했다.

그들은 일본인을 조선 정부의 중앙 및 지방 관청 각 부의 차관으로 임명했다. 차관이 형식상으로는 조선인 장관 다음 자리이기는 했으나 실질적으로는 각 부의 권한을 틀어쥐고 정미7조약을 집행했다. 일본은 차관 정치를 강행하기 위해 차관의 수를 계속 늘려나갔다. 1909년 1월 1일 기준 조선 정부의 중앙 관청에 들어앉은 차관의 수는 총 2,180명이나 되었다. 을사조약의 보호 정치가 조선의 대외적 기능을 말살하면서 내정을 간섭하는 것이었다면 정미7조약의 차관 정치는 일본인이 내정권을 직접 장악한 조선에 대한 강제 점령이었다.

조선 군대 해산과 관련해 일본은 이미 1905년 4월 조선 정부의 원수부를 해체했으며 1만 6,000명이었던 조선 군대를 8,000명으로 축소시켰다. 한양에는 시위대 제1, 2연대가 있었고 명색뿐인 기병대, 포병대, 공병대 연성학교 등이 있었다. 지방에는 여덟 개의 진위대가 수원, 청주, 대구, 광주, 원주, 해주, 안주, 북청에 있었다. 조선 군대의 실권은 고문으로 임명된 일본군이 장악하고 있었으며 지휘부도 친일 인사들이었다.

그러나 일본은 고종의 양위 반대 투쟁에 군인들이 열렬히 호응하는 것을 보고 중하층 군인들이 반일 감정이 높다는 것을 절감하게 되었다. 일본은 조선 군대의 강제 해산을 계획하면서 군인 폭동이 일어날 것으로 예상했다. 그래서 일본에 있던 제12여단을 조선으로 들여오고, 한반도 남부에 있던 제13사단을 한양에 올려보냈으며, 한양에 위수사령부를 설치했다.

일본은 침략 무기와 탄약 등이 도착하자 7월 31일 군대 해산을 승인하는 순종의 조칙을 날조했다. 이 소식을 들은 군인들은 조선 군대 강제 해산을 반대해 무기를 들고 궐기했다. 이날 군인 폭동은 시위 1연대 1대대장 참령 박성환의 자결이 도화선이 되어 폭발했다.

"나는 지금까지 나라의 은혜를 많이 받았는데 나라가 망하게 되었다. 왜놈 한 놈도 베이지 못했으니 죽어도 죄가 남음이 있다. 나는 저들을 차마 보낼 수 없으니 차라리 내가 죽겠다."

박성환의 자결은 군인들을 반일 무장 폭동으로 궐기시키는 데 큰 작용을 했다. 박성환이 죽자 시위대 1연대 1대대 부위 남상덕이 부대를 지휘했다.

"상관이 나라 위해 죽었는데 내가 어찌 혼자 살겠는가! 마땅히 적들과 결사전을 벌여 나라의 원수를 갚아야 한다."

폭동에 궐기한 군인들은 일본군과 피어린 전투를 벌였다. 군인들의 폭동이 쉽게 진압되지 않자 일본은 공병을 더 증가하고 남대문 꼭대기에 기관총까지 걸어놓고 공격했다. 이날 전투에서 군인들은 여순전투에서 악명을 떨쳤던 가지하라 대위를 비롯한 30여 명의 일본군을 살상했다. 황현은《매천야록》에서 만약 탄약이 떨어지지 않았더라면 일본군이 전멸했을 것이라고 기록해놓았다. 물론 가정이겠지만 그 정도로 치열했던 전투였음을 알 수 있다.

일본이 조선 군대 해산식을 강행하기로 한 8월 1일 오전 10시, 훈련원 마당에 모인 군인은 전체의 절반도 안 되는 600명 정도에 불과했다. 군인 폭동을 가까스로 진압하고 조선 군대를 강제로 해산시킨 일본은 8월 3일 개성과 청주 진위대 해산을 시작으로 한 달 동안 진위대를 모조리 해산할 계획이었다. 그러나 이 역시 순조롭게 진행되지 못했다.

진위대의 폭동은 원주에서부터 시작되었다. 원주 진위대 군인들은 민중들의 지지 아래 무기고를 점령해 1,600정의 소총과 4만

발의 탄알을 꺼내어 무장을 갖추었다. 그들은 원주 우편취급소, 군청, 경찰분견소, 일본인들의 주택을 파괴하고 친일파를 숙청했다. 격문을 띄워 반일 투쟁에 떨쳐나설 것을 호소하고 8월 8일에는 포수들을 새로 받아들여 대오를 확대한 후 원주를 떠나 의병운동에 참여했다.

민긍호는 제천, 충주, 죽산, 장호원, 홍천 등지에서 활동하면서 격문을 발표해 반일 기운을 고취했다. 김덕재는 일부 군인들과 평창, 강릉, 양양, 간성, 통천에서 의병대와 연대 투쟁을 벌였다. 민긍호, 김덕제 의병대의 투쟁은 강원도, 경상도, 충청도에서 활동하던 의병대들에게 큰 영향을 주었다.

강화도 진위대 군인들도 폭동을 일으켰다. 강화도를 장악한 폭동 군인들은 8월 10일 강화도로 몰려오는 일본군을 습격했고 다음날 황해도로 이동해 그곳 의병대와 합세해 경기도와 황해도에서 활동했다.

군인들의 폭동 시도는 홍주 분견대, 진주 분견대, 북청 분견대에서도 발생했다. 당시 일본의 조선 주둔군 사령부와 경무국 기록에 의하면 군인 출신 의병장만 해도 80명 이상 된다고 나와 있다. 각 도마다 평균 열 명 이상의 군인 출신 의병장이 있었던 셈이다.

해산 군인들이 의병운동에 참가하자 활동 범위가 확대되었을 뿐 아니라 투쟁도 매우 치열해졌다. 또한 의병대의 신분 구성도 변화가 생겼고 의병대의 전술과 무장도 개선되었다. 일본의 대규모 토벌에 맞서 의병대의 통합이 촉진되었고 큰 규모의 부대도 조직되었다.

1907년 8월 전국적으로 일어난 군인 폭동은 일본의 조선 강점 정책에 타격을 주었고 조선 민족의 굽힐 줄 모르는 애국적 투지를 다시 한 번 보여주었으며 반일 의병운동을 확대 발전시키는 데 중요한 역할을 했다.

◉ 홍범도 주도로 일어난 북부 지방 의병운동 ◉

일본이 통감부를 설치한 이후 일본의 마수는 후미진 북부 산간 지역에까지 미치게 되었다. 북부 지방의 풍부한 광산과 그 주변의 광대한 토지가 일본인에게 빼앗겼다. 러일전쟁 시기 일본군이 차지했던 토지에서 조선 농민들이 쫓겨났고 그 자리를 일본인이 차지했다.

1907년 말부터 일본의 침략을 반대했던 북부 지방 민중 투쟁은 세차게 일어나기 시작했다. 평안도에서는 양덕, 맹산, 후창, 상원, 강계, 초산, 덕천, 순안, 회천, 성천, 은산, 순천, 철산, 개천 등에서, 함경도에서는 정평, 함흥, 북청, 단천, 명천, 길주, 삼수, 갑수, 혜산, 경원, 회령 등에서 의병대들이 일본에 반대하는 투쟁을 벌이기 시작했다. 이 지방에서 일어난 의병운동의 특징은 산포수들이 많이 참가했다는 점이다.

함경도의 반일 의병운동은 1907년 당시 안산사 일대(풍산군 안산면)에서 포수 조직인 포연대의 대장으로 있던 홍범도에 의해 전개

되었다. 1907년 9월 6일 일본은 의
병운동이 확대되는 것을 막기 위해
총포화약취체법을 만들고 11월 초
포수들의 화승총을 압수하려고 북
청수비대를 안산사에 파견했다. 안
산면장 주도익은 포수들에게 총을
등록하고 허가를 받아야만 사냥할
수 있다고 선전한 후 총을 거두어
버렸다.

◦ 홍범도

　일본의 교활한 채동을 꿰뚫어본 홍범도는 삼수, 갑산, 혜산진을
연결하는 교통 요충지 후치령에 매복했다가 총을 빼앗아 일본군을
전멸시키고 의병대를 조직했다. 초기 홍범도 의병대의 지휘 체계
와 부대 형편을 보면 도검사, 부의병장, 군량도감이 있었으며 중대,
소대(50명), 분대(25명)들로 편제되어있었다.

　의병대는 토벌에 대처해 소부대 활동이 기본이 되었다. 홍범도
가 직접 지휘하는 주력 부대는 삼수와 갑산에서 활동했고, 전두익
부대는 단천, 송산봉 부대는 장진, 홍사연 부대는 홍원을 근거지로
하고 있었으며 1907년 하순부터 1908년 9월 사이 일본과 37회의
전투를 벌였다. 홍범도 의병대는 11월 22일과 23일 일본군과 경찰,
우편물 호송원들을 처단했으며 11월 25일에는 일본군 토벌대 선
발대를 소멸했다. 일본은 12월 31일 의병대가 있던 삼수를 공격했
으나 실패했다.

12월 31일… 삼수를 포위공격하였다. … 폭도 약 400명이 삼수성 벽에 의거하여 완강한 저항을 하였다. 약 세 시간 동안 공격하였으나 탄약이 떨어져 야밤을 이용하여 혜산진으로 퇴각하였다.

삼수성 공격에 실패한 일본군은 1908년 1월 9일 다시 대규모 토벌을 감행했다. 대병력이 삼수성으로 밀려든다는 정보를 입수한 홍범도는 삼수성을 포기하고 1월 10일 갑산을 공격해 아홉 시간 동안의 격전 끝에 갑산의 통치 기관들을 파괴했다.

삼수성을 공격하려고 움직이던 일본군은 다시 갑산 지방으로 이동했다. 이미 갑산을 벗어난 홍범도 의병대는 소부대로 조직을 정비한 후 삼수, 갑산, 장진, 단청, 함흥에서 일본군을 공격했다. 의병대는 북청 덕사귀전투, 어두벽령전투, 언강골전투, 산고개전투, 갑산 습격 전투, 부전 따라지전투, 용문동전투, 삼수구읍전투, 천지평전투 등을 통해 일본군과 친일 주구들을 처단하고 일본의 통치 기관을 파괴하고 불태웠다.

홍범도 의병대는 산포수들 위주로 이루어졌기 때문에 사격술이 대단히 높았으며 산을 잘 타서 일본군을 공포에 몰아넣었다. 1910년 가을, 홍범도는 새로운 투쟁을 준비하기 위해 부대를 해산하고 압록강을 건너갔다.

☯ 함경도에서 조직된 의병대의 활약 ☯

함경도에는 금광 광부였던 차도선과 양혁진, 한명준, 송산봉 등이 지휘하는 의병대가 있었다. 함경도 경성에서는 이남기가 의병대를 조직했다. 연해주에서 살다가 경성으로 돌아온 이남기는 부령에서 활동하던 노랑포수 의병대 출신인 장석희, 최덕준, 지장희 등과 애국문화운동자들과 연계를 맺고 학교를 운영하는 방식으로 의병운동을 준비했다. 학생들에게 체육을 가르친다는 명목으로 총 쏘는 법을 비롯한 군사 훈련을 했으며 학교 운영비의 명목으로 자금을 모아 군수 물자를 마련했다.

해산 군인으로 영흥(금야군)에 가서 의병을 조직한 노희태 의병대, 고원군에서 촌백성으로 가장한 의병 수백 명으로 시장에 들어가 일본 수비대를 소탕한 윤동섭과 한영준, 박영신 의병대도 있었다.

◦ 농사꾼, 포수, 상인, 유생, 군인 등으로 이루어진 의병

☯ 애국문화운동가에서 의병운동으로 노선을 바꾼 안중근 ☯

일찍이 애국문화운동가로 이름을 날린 안중근은 1907년 일본이 고종을 강제로 퇴위시키고 군대까지 해산시켜버리자 애국문화 계몽운동으로는 국권을 되찾을 수 없다는 것을 깨닫고 의병운동에 나섰다.

안중근은 강원도 산악 지대에서 의병운동을 벌이려고 했으나 일본의 탄압이 심해지자 연해주로 이동했다. 안중근은 그곳에서 아명이었던 안응칠로 이름을 바꾸고 이범윤과 함께 의병 준비를 갖추었다. 1908년 이범윤을 대장으로, 안중근을 참모장으로 하는 300명 규모의 반일 의병대가 조직되었다. 안중근은 러일전쟁 시기 러시아 군대가 사용하던 총을 구입해 의병대를 무장시키고 러시아 군인들을 초빙해 근대적인 군사 훈련을 진행한 후 국내로 진출했다.

1908년 7월 일본이 두만강 연안에 구축해놓은 경비진을 뚫고 도문강을 건너 경흥군에 들어왔으며 7월 10일 새벽 신아산 분견대를 기습했다. 일본은 청진수비대의 토벌군 70명과 경흥수비대를 끌어들여 의병대를 진압하려 했으나 실패했다. 경흥에서 전과를 올린 안중근은 중요한 국경 도시이자 일본의 군사적 요충지인 회령을 공격할 계획을 세웠다.

안중근 의병대의 회령 공격 계획을 탐지한 일본은 국경을 봉쇄하는 한편 회령 일대에 수천 명의 군대와 중무기까지 동원했다. 의병대의 회령 공격은 현저한 역량의 차이와 무장의 열세 등으로 많은 희생을 내고 패하고 말았다. 회령전투가 실패한 후 안중근은 의병대를 다시 조직해 투쟁을 계속하려고 했으나 일본의 압력에 굴복한 러시아 당국의 탄압으로 좌절되고 말았다.

☯ 황해도에서 펼쳐진 의병운동 ☯

포수 출신 차천리는 1907년 8월 23일 강계 포수들을 중심으로 의병대를 조직해 맹렬한 활동을 벌이다가 1910년 말 일본의 탄압이 강화되자 중국 동북 지방에 들어가 새로운 투쟁을 준비했다. 1907년 9월 황해도에서 유생들에게 의병운동에 나설 것을 호소한 유인석은 덕천으로 가서 제자인 유생 김관수에게 의병운동을 권고했다. 이에 김관수는 1907년 10월 말 북창, 맹산, 영원 등지에서 반일 의병대를 조직했다.

그들은 두 차례에 걸쳐 덕천에 주둔해있던 일본군을 공격했으며 12월 6일에는 맹산을 공격해 일본군과 친일 주구들을 처단했다. 의병대는 1909년까지 맹산에서 18회, 영원에서 19회, 덕천에서 5회, 개천에서 12회, 은산에서 2회의 전투를 치렀다.

황해도에서 활동한 유명한 의병대는 평산 의병대와 채응언 의병대였다. 평산 의병대는 약 2,000명 정도였는데 배천 출신의 돌격장 김창호가 유명했다. 의병대는 1907년 10월 배천 소재지를 습격해 군청과 경무 분견소, 우편국 등을 파괴하고 무기를 빼앗아 무장을 갖추었다.

12월 18일에는 연안읍을 습격했으며 다른 부대와 연대해 해주를 공격하여 전과를 올리기도 했다. 당시 연안읍에는 일본 군급수비대 본부가 있었는데 조선인 학대가 심했다. 평산 의병대는 연안 산성을 이용해 불시에 수비대 본부를 습격해 소멸시켰으며 일본군 대부대가 올라온다는 정보를 입수하고 해주로 이동했다.

해주는 연안보다 큰 도시였지만 의병대는 대담하게 해주를 공격해 큰 타격을 입혔다. 의병대가 배천, 연안, 해주 등지에서 전과를 확대하자 당황한 일본은 의병대를 진압하려고 빠르게 움직였다.

평산 의병대도 투쟁을 더욱 확대했다. 전투가 계속되고 일본의 탄압이 강화됨에 따라 유생 출신 지휘관 속에서 동요가 일어나 의병장 박정빈이 고향으로 돌아가는 사건도 일어났다. 그러나 의병대는 사기를 잃지 않고 포수들과 산간 지대 농민들, 해산 군인들의 적극적인 참가로 난관을 극복하고 투쟁을 벌였다.

평산 의병대는 1908년 봄까지 평산군 세곡면과 산외면 등에서 여러 차례 전투를 벌였으며 4월 초에는 김창호의 지휘를 받으며 배천군 국궁리에서 일본군과 큰 싸움을 벌였다. 이 싸움에서 김창호가 희생되자 의병대는 유생 이진용에 의해 재조직되었다. 처음에는 200명 정도로 시작된 이진용 유격대는 종래의 다섯 개 중대를 없애고 의병대의 전투력을 강화해 1909년 8월 21일 평산군 세북면 광진에서 일본군에게 큰 타격을 주었다.

황해도 곡산에서는 화전 농사를 하던 채응언이 반일 의병대를 조직했다. 의병대는 11월 한 달 동안에 신계, 곡산, 서흥, 연안, 친천, 이천 등지에서 일본군과 여러 차례 전투를 벌이면서 많은 전과를 올렸다. 채응언 의병대의 활동이 강화되자 일본은 일진회와 자위단을 동원해 그를 체포했으나 채응언은 탈옥해 곡산, 수안, 이천, 안변, 강동, 성천, 평양 등지로 활동 범위를 확대해 1908년부터 1909년 사이에 50여 회의 전투를 벌였다.

이외에도 황해도에서는 신경칠, 강춘암, 김상헌, 한경옥, 허덕전 의병대가 강령, 연안, 평산, 신천, 옹진에서 맹렬하게 활동했다.

◉ 강원도에서 펼쳐진 의병운동 ◉

1896년 의병운동 당시 유인석 의병대의 유격장이었던 이강년은 1907년 4월 강원도 지방의 포수와 농민들로 의병대를 조직하고 영춘에서 전투를 시작해 원주 진위대의 대대장 대리인 김덕제도 가담시켰다.

산악전에 능숙한 부대로 알려진 이강년 의병대는 30여 회의 전투에서 100여 명의 일본군을 살상했다. 이강년은 민긍호 의병대와 함께 충주성을 공격하려던 계획이 실패한 후 문경으로 이동하던 중 일본군을 소탕하고 9월 영춘으로 들어가 이토 히로부미에게 죄행을 폭로하고 끝까지 싸울 것을 천명한 격문을 보냈다.

이강년 부대에게 큰 타격을 받은 일본들은 9월 일본군 2개 연대와 기병 소대, 산포병 1개 등으로 문경 포위 작전을 시작했다. 그러나 의병대는 적들의 포위를 뚫고 무사히 빠져나갔다. 일본은 의병 토벌을 실패했음을 인정했다.

11월에 들어서서 이강년, 신돌석이 이끄는 무장대가 일원산을 중심으로 활동하고 있는데 그 영향을 받아 금천, 안동, 영덕, 청하 등지에서도 봉기가 계속되고 있다.

이강년 의병대는 친일파 홍우석이 끌고 온 100여 명의 토벌대를 소멸했고 단양 일대에서 수천 명의 일본군과 만나자 10월 말 가평 화악산으로 옮겨가 새로운 투쟁을 준비했다. 이강년 의병대는 1908년 3월 인제군 백담사에서 습격해오는 500여 명의 일본군을 물리치고 설악산에서 제일 높은 오세암에 거점을 두었다. 1908년 5월 중순에는 경상도 봉화 내성전투에서 여섯 시간 동안 격전을 치르며 수많은 일본군을 살상했으며, 6월 4일 안동과 대구에서 온 일본군을 유인해 소멸시켰다.

일본군을 전율시키면서 맹렬하게 활동하던 이강년은 1980년 7월 26일 충청도 청풍군 까치성전투에서 체포된 후 10월 13일 희생되었다. 이강년이 희생된 후 의병대의 지휘는 그의 아들이 이어받았으나 전과 같은 활약을 거두지는 못했다.

군대 해산을 반대해 폭동에 참가한 원주 진위대 병사들은 1907년

8월 초 민긍호를 의병장으로 하는 반일 의병대를 조직했다. 민긍호는 부대를 여러 개의 소집단으로 나누어 활동했으며 제천, 충주, 죽산, 장호원, 여주 홍천 등지에서 일본군에게 타격을 주었다. 8월 12일 여주를 습격해 일본 경찰대를 소멸한 의병대는 8월 15일에는 중산에서, 8월 18일에는 충주에서 일본군을 습격했다.

여주 습격 당시 200명에 불과했던 민긍호 의병대는 장호원에 이르자 수천 명으로 늘어났다. 충주에서 의병대의 투쟁이 확대되자 일본은 충주 장호원, 유성수비대와 14연대, 50연대, 51연대를 모아 토벌에 나섰다.

민긍호 의병대는 8월 22일 적의 토벌에 맞서 충주성을 공격했고 그 후에도 홍천, 광천, 춘천, 횡성, 원주 일대에서 토벌을 격퇴하며 활발한 투쟁을 벌였다.

민긍호 의병대가 큰 전과를 거둘 수 있었던 것은 비교적 전술을 잘 세우고 대부분 신식 총을 가지고 있었으며 일찍이 군사 훈련을 받았기 때문이었다. 민긍호 의병장은 1908년 2월 29일 원주 치악산 부근에서 교전 끝에 희생되고 말았다.

☯ 한양 공격을 목적으로 삼은 13도 의병대 ☯

경기도에서는 13도 의병대가 조직되어 한양을 공격하려는 대담한 시도가 있었다. 강원도 원주에서 의병운동을 벌이던 이은찬은 1907년 9월 문경에 있던 유생 이인영을 설득해 의병장으로 내세웠다.

이은찬의 요청에 따라 의병운동에 나선 이인영은 원주에서 의병대들이 분산되어 싸우지 말고 힘을 모아 한양을 공격하자는 내용의 격문을 띄웠다. 한양 공격의 목적은 통감부를 격파하고 을사조약을 취소시켜 국권을 회복하자는 것이었다.

이인영은 한양 공격 준비를 위해 경기도 양주로 이동했다. 전라도, 충청도, 강원도, 경상도, 평안도, 함경도, 황해도 등지에서 활동하던 문태수, 이강년, 민긍호, 방인관, 정봉준, 허휘 등이 의병대를 거느리고 이인영 부대가 주둔해있는 양주군 왕방산에 도착했다. 이로써 의병 수는 4,000명에 달했다.

각지에서 온 의병대를 통합해 13도 의병대를 조직한 이인영은 이은찬을 중군으로, 허휘를 군사장으로 삼고, 민긍호를 관동대장, 이강년을 호서대장, 박정빈을 교남대장, 권의의를 경기-황해대장, 방인곤을 관서대장, 정봉준을 관북대장으로 해 또다시 격문을 띄워 의병대의 연합을 호소했다. 이 격문에 호응해 1만여 명이 모여들었는데 그 중 3,000명은 근대적 무기를 갖고 있었으며 훈련이 잘된 사람들이었다.

13도 의병대의 한양 공격 계획을 탐지한 일본은 1907년 12월 초부터 동대문 밖에 속사포까지 배치해놓고 의병대의 한양 공격을 막으려 했다. 그때 아버지 부고를 전해들은 이인영이 의병 지휘권을 군사장 허위에게 인계하고 문경으로 돌아갔다. 의병대의 총대

장인 이인영의 이러한 행동은 의병대의 통일적 지휘를 보장하는
데 나쁜 영향을 주었다.

지휘권을 넘겨받은 허위는 1908년 1월 300명의 선발대를 이끌
고 동대문 밖 30리 지점까지 진출해 주력 부대가 오기를 기다렸다.
같은 시기 동막리와 창의문 밖에서 한양을 공격하려고 들어오던
의병대와 일본군의 싸움이 있었다. 1월 29일 일본군이 우세한 병력
으로 선발대를 공격했다. 허위는 다른 부대가 미처 도착하지 못한
상황에서 일본군의 대규모 공격을 막을 수 없어 후퇴해야만 했다.

한양 공격이 실패한 후 의병대 지휘관들은 이인영을 찾아가 다
시 총대장으로 나서 줄 것을 요청했으나 이인영은 복귀를 거부했다.

"나라에 불충한 자는 부모에게 불효요, 부모에게 불효한 자는
나라에도 불충이니 충이요, 효요하는 것은 그 도리가 하나지 둘
은 아니다."

그는 충청도 황간에 숨어 살다가 체포되어 1909년 9월 20일 사
형당했다.

일본의 강압에도 계속된
반일 의병대의 활약

☯ 허위 의병대 ☯

13도 의병대가 해체된 후 의병장들은 각자 자기가 활동했던 지역으로 돌아가 계속 투쟁했다.

의정부 전 참판 허위는 연기우를 부장으로 하는 강화도 봉기군을 포섭해 임진강 유역을 중심으로 경기도와 황해도 일대에서 맹렬하게 활동했다. 그 후 임진강 유역의 의병대들을 통합해 의병장이 된 허위는 경기도 가평과 적성에서 의병을 모집했고, 1908년 초 개성과 경기도 지평에서 일본군과 전투를 벌였지만 6월 경기도 양평에서 일본 헌병대에 체포된 후 10월 21일에 학살되었다.

⊙ 이은찬 의병대 ⊙

이인영을 내세워 13도 의병대를 조직했던 이은찬은 한양 공격
계획이 좌절된 후 경기도 포천으로 이동해 허위와 연합 작전을 벌
였다. 김수민, 허위 등 의병장들이 체포된 후에는 양주, 포천, 연천,
삭녕, 금천, 배천 연안 등지에서 의병 활동을 했다. 1909년 일본군
의 토벌 공세가 심해지자 이를 피해 연안과 청단 사이로 빠져 남쪽
으로 이동한 이은찬 의병대는 경기도 양평과 양주에서 일본군을
공격했다. 이은찬은 그해 3월 일본군의 동태를 알아보기 위해 한
양에 들어왔다가 체포되어 살해되었다.

⊙ 김수민 의병대 ⊙

평민 출신 김수민 의병장 이야기도 잠시 하고 넘어가자. 갑오농
민전쟁부터 투쟁에 참가했던 김수민은 1907년에 경기도 장단에서
의병을 조직했다. 김수민 의병대에는 시위대 출신 현덕호를 비롯
해 많은 해산 군인과 보부상이 있었다. 부자에게서 식량과 의복 등
을 징발해 의병운동을 준비한 의병대는 1907년 11월 중순 개성수
비대와 전투를 벌였으며 1908년에 들어서는 주변 의병대와 연계
해 적들에게 타격을 주었다.
4월 16일에는 장단군 구화장 헌병분견대를 기습했고 10월 초에

는 강화도를 기습해 일본군을 처단하고 성을 차지했다. 김수민 의병대는 정족산을 거점으로 삼아 일본군과 치열한 전투를 벌였다. 일본은 11월 26일부터 개성, 용산, 해주 연안 등지의 수비대를 동원해 강화도 수색 작전을 벌였는데 일본의 대규모 토벌이 시작되던 날 의병대는 상륙하는 일본군을 바싹 접근시켜놓고 불시에 집중 사격을 가한 후 배를 타고 황해도 섬으로 피신했다가 장단으로 돌아갔다. 그들은 인접한 적성, 삭녕, 연천, 마전, 철원 등에서 활동하던 연기우 의병대와 연합해 한양 공격까지 시도했다. 그 후 김수민은 한양에 들어갔다가 체포되어 1908년 12월 중순 살해되었다.

◉ 조인환 의병대 ◉

한양 군인 폭동에서 고무된 조인환은 1907년 8월 초 충청도 청풍에서 의병대를 조직한 후 8월 4일 경기도 양근읍(양평) 우편소를 습격했다. 일본이 의병의 거점이었던 용문사를 불태우자 9월 초 활동 거점을 양주로 옮기고 해산 군인들을 받아들인 후 활동 범위를 한양 북쪽의 파주 석우리까지 넓혔다.

양근과 양주의 의병 활동이 활발해지자 일본은 보병 2개 중대, 산포 1개 소대, 공병 1개 분대를 양주로, 1개 중대는 파주로 보냈으나 의병대는 일본군에게 치명적 타격을 가한 후 다른 지역으로 이동했다.

☯ 지영기 의병대 ☯

시위대 출신 지영기는 해산 군인들과 광진 지방의 포수들을 중심으로 의병대를 조직했다. 1907년 12월 초 삼엄한 경계망을 뚫고 한양 시내로 돌입해 뚝섬 일대에서 일본인을 사살한 후 순검들과 친일 주구를 소탕했다. 그리고 동대문을 지나 광화문 부근에서도 일본군을 소탕했다.

☯ 순창 지역 의병대 ☯

김동신은 1906년에 민종식 의병대의 선봉장으로 있다가 1907년 9월 순창에서 기우만, 고광순 등과 의병대를 조직하고 9월 10일 순창우편소와 경무고문 분파소(경찰서)를 습격했다. 9월 21일에는 남원시장에서 일본군을 공격했고 전라도와 경상도의 함양, 안의, 거창에서 맹렬한 활동을 벌였다.

10월 초 지리산으로 거점을 옮긴 후 투쟁을 확대했다. 일본은 '거창, 안의 부근의 폭도는 지리산으로 들어가 칠불사를 거점으로 해 10월 4일 하동경무서를 습격한 것을 시작으로 때로는 남쪽으로 내려왔다'고 하면서 토벌에 나섰다. 10월 11일 김동신 의병대는 토벌대가 지리산으로 들어온다는 통보를 받고 깊은 산골짜기로 유인해 소탕했다.

10월 17일 전투에서 고광순을 잃고 지리산을 떠난 의병대는 김동신의 지휘를 받으며 농민 차림으로 기민하게 활동하면서 적을 불시에 들이쳐 큰 전과를 거두었다.

일본은 김동신 의병대의 활동은 다음과 같이 묘사했다.

대개 폭도는 각 토벌대가 도착하기 전에 정보를 얻고 주력을 경상남도 거창 방면으로 옮기고 양민으로 변장했다.
폭도의 수괴는 김동신, 이석용으로 나타났다 숨었다 하는 것이 참으로 기묘하다.

김동신 의병대는 1908년 3월 14일에는 안의 서북쪽에서 함양수비대의 토벌을 격파했으며 3월 27일에는 함양 서쪽에서, 3월 31일에는 하동 서북쪽에서 투쟁을 벌였다. 일본은 '금년(1908년)에 들어와 김동신은 의연히 지리산에 잠복하여 기묘하게 종적을 감추고 은밀히 세력을 부식하는 데 힘쓰는 것 같다'고 기록하고 있다.

김동신은 1908년 여름, 병 치료를 위해 충청도 회덕에 갔다가 일본군에게 체포되었다. 그가 희생된 후에도 의병대들은 무주, 순창, 남양, 성주, 거창 등지에서 의병운동을 벌였다.

☯ 기삼연 의병대 ☯

전라도에서 가장 유명한 의병대는 기삼연 의병대였다. 위정척
사론자인 기정진의 제자로 1896년 의병운동 때 기우만 의병대에
참가했던 기삼연은 1907년 장성에서 의병대를 조직했다.

9월 10일에는 장성읍, 9월 19일에는 영광을 습격해 일본군에게
타격을 주고 많은 무기를 노획했다. 10월 31일에는 무장 경찰 분파
소를 포위 공격해 무기 탄약을 빼앗고 건물을 파괴시켰다.

기삼연 의병대의 습격을 받은 일본은 그 당시의 상황을 다음과
같이 기록했다.

31일 오후 5시 식사 중 돌연히 100여 명의 의병이 관사 부근을 포
위하고 총을 쏘면서 습격했기 때문에 방어할 틈조차 없이 사복
을 입은 채 겨우 도망쳤다.

12월 8일에는 법성포 순사주재소를 공격하고 건물 여러 채를
불태웠으며 12월 23일에는 영광읍을 점령했다. 기삼연 의병장은
1907년 겨울 전라도 남양(지금의 고흥)에서 일본군의 포위를 뚫고
나온 후 정월 명절을 맞이해 마을에 내려왔다가 일본군의 습격을
받고 살해되었다.

기삼연이 희생된 후 선봉장 김준이 부대를 지휘했다. 김준(김
태원)은 1908년 1월 창평 무동촌에서 토벌대장 요시를 비롯해 몇

몇 인사들을 처단했는데 그해 3월 무등산에서 희생되었다. 김준
이 희생된 후 부대를 지휘하던 조경환도 12월 중순 적들에게 희
생되었다.

◉ 전수용 의병대 ◉

기삼연 의병대가 큰 피해를 입고 있을 즈음 전수용 의병대가 일
본에게 큰 타격을 주었다. 기삼연 의병대와 밀접하게 연계되어있
던 전수용은 기삼연과 김준이 희생된 후 그의 부하들을 받아들였
으며 해산 군인 정원집 의병대와 합세했다.

일본은 전수용 의병대에게 입은 피해를 이렇게 전했다.

전라도는 작년(1908)부터 소란이 그치지 않고 있다. 그중 남도가
더욱 심하다. 폭도들의 행동을 요약해서 말하면 제일 횡포하게
말하는 수괴 전수용은 영광군 불갑산 부근을 근거지로 하여 영
광, 함평, 장성, 고창 무장 등을 횡행하고 있다.

토벌대가 출동하면 즉시로 부대를 해산시켜 북도에 들여보냈다
가 기회를 보아 다시 남도로 내려오는 것은 예사로 했다.

전수용 의병대는 낮에는 상제*나 엿장수로 가장해 일본군의 동정을 탐지했고 밤에는 일본 통치 기관을 불시에 습격하는 과감한 전투를 벌였다. 의병대의 선봉장 정원집이 거느린 부대는 9월부터 광주, 장성 등 10여 개의 군에 출몰하면서 적들과 싸워 명성이 높았다.

1909년 초에도 의병운동을 활발히 펼치던 전수용은 3월 20일 영광 오동촌전투 후 정세가 불리해지자 의병대를 해산하고 남원군 고래산에서 시장을 운영하다가 일본군에게 체포되어 1910년 8월 학살되었다.

◐ 안계홍의 담살이 의병대 ◐

전라도 보성에서는 머슴들로 조직된 안계홍의 담살이(머슴) 의병대도 이름을 날렸다. 전라도 보성군에서 의병을 조직한 안계홍 의병장은 1908년 2월 토벌대를 파청으로 유인해 섬멸하는 큰 전과를 거두고 추격하는 적들을 대원산에서 물리쳤다. 1908년 4월 24일에는 진산에서 일본군 수비대와 기병대를 격파하고 명성을 날렸다.

두 차례의 전투에서 연속 패한 일본은 안계홍의 담살이 의병대

---

* 부모나 조부모가 세상을 떠나서 거상 중에 있는 사람

를 전라도 의병대 중 강한 전투력을 가진 부대로 인정하지 않을 수 없었다. 안계홍 의병장은 일본군 한 명을 죽인 사람에게는 100원의 상금을 주며 친일 주구 노릇을 하고 있더라도 왜놈을 죽이면 과거에 저지른 죄행을 용서하겠다고 홍보하면서 많은 사람을 반일 투쟁에 궐기시켰다.

안계홍의 담살이 의병대는 1909년 4월 통영에서 일본 배를 습격해 상품을 모조리 압수했으며 거문도와 초도 열도에서도 일본 배들을 습격해 배 안에 있던 왜놈들을 격파했다. 일본은 의병대가 육지와 해상에서 투쟁을 벌이자 수많은 토벌대를 파견했다. 의병대는 그에 대처해 활동을 분산하면서 친일 주구들을 처단하는 투쟁을 벌였으나 이 과정에서 지휘관들이 희생되기도 했다.

일본은 의병대원의 가족을 찾아내어 의병대를 와해시키려고 했다. 이로 인해 의병대 안에서 이탈자가 생겨나자 안계홍은 1909년 7월 의병대를 해산하고 고향으로 돌아가던 중 9월에 체포되었다.

일본은 안계홍 의병대의 활약을 이렇게 기록하고 있다.

전라도의 폭도 중 심남일, 강무경, 안계홍, 임창모 등은… 계속적이고 항구적인 싸움으로 인하여 실질적으로 일본의 조선 정책에 실패를 가져오게 하여 통감 정치의 부당함을 명시케 하여 … 열국으로 하여금 간섭하게 함으로써, 조선의 독립을 회복할 수 있다는 망상을 품고 있는 자들이다. … 수차에 걸쳐 커다란 타격을 주었음에도 불구하고… 민중의 원조에 의해 여전히 세력을 유지하여…

–《조선폭도토벌지》일본어판

◉ 반일 의병운동의 특징 ◉

1907년부터 전개된 반일 의병운동의 특징은 다음과 같다.

첫째, 전국의 모든 지역에서 하루도 쉬지 않고 무장 항쟁이 벌어
졌다. 가히 전 민족적 무장 항쟁이 아닐 수 없다. 19세기 말에도 반
일 의병운동은 넓은 지역에서 치열하게 벌어졌지만 전국에서 일어
나지는 않았다. 19세기 말 반일 의병운동이 발발한 곳은 85개 지역
이었지만 이 시기에는 300여 지역으로 늘어났는데 이는 전국 주요
도시 수의 약 90%에 이른다.

1908~1909년 각 지방별 의병운동 상황

도별	전투 횟수		참가 의병 수	
	1908년 상반기	1909년 상반기	1908년 하반기	1909년 하반기
경기도	78회	165회	1,453명	3,453명
강원도	273회	124회	18,599명	2,468명
황해도	232회	111회	7,998명	2,148명
충청북도	113회	66회	6,815명	832명
충청남도	217회	138회	7,666명	1,003명
전라북도	219회	2/3회	9,960명	5,576명
전라남도	274회	547회	10,544명	17,579명
경상북도	153회	61회	3,328명	934명
경상남도	158회	161회	5,702명	3,667명

조선 내부 경무국의 조사 통계로 경찰대가 관여한 전투 횟수 및 의병 수

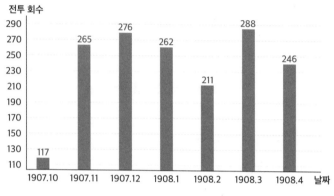

《조선독립운동 1》, 25쪽

평안남도	109회	61회	1,391명	540명
평안북도	41회	17회	2,590명	123명
함경남도	99회	14회	6,438명	270명
함경북도	11회		283명	
총계	1,977회	1,738회	82,767명	38,593명

둘째, 각계각층 민중들이 참여했다. 농민들은 물론 노동자(광부, 목수), 포수, 군인, 교원, 학생, 의사, 유생, 관리(군수, 면장), 수공업자, 운수업자, 양조업자, 순검, 헌병 보조원, 종교인(기독교인, 동학도) 등 다양한 계층의 사람이 반일 의병운동에 참가했다. 평상시에는 집회라는 데를 한 번도 나가보려고 생각하지 않았던 평범한 사람들, 생각지도 못할 다양한 직업군의 사람이 일본군과 무장으로 맞서 싸우는 의병대에 들어왔다는 것은 일본이 총칼로도 우리 민족의 기개를 다스릴 수 없다는 것을 보여준다.

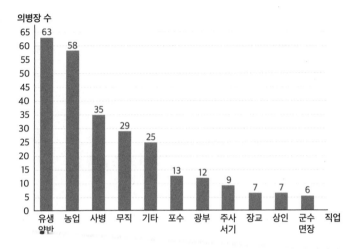

의병들의 출신별 통계

군대 훈련도 받은 적이 없는 대부분의 사람이 어떻게 무장을 했을까? 의병대에서는 무기를 전투에서 획득하기도 했으며 또 부족한 무기를 구입하기도 했다. 당시 총 한 자루 값이 황소 한 마리 값이었는데 자금이 없어 일본과 친일 주구들의 재산을 몰수해 그 자금으로 무기를 구매하는 경우가 많았다. 일본이 무기 판매와 운반을 엄격히 금지하자 총을 관 속에 넣어 상여로 가장해 운반하기도 했고 미역단 속에 숨겨 운반하기도 했다.

의병들은 총과 탄알을 자체로 만들거나 수리, 개조해 사용하기도 했다. 일례로 전라도 의병들은 1908년 2월부터 4월 초순까지 화승총 대부분을 뇌관식으로 개조해 사용했다. 홍범도 의병대는 총과 포의 형틀을 만들고 갑산에서 동과 철을 가져와 녹여서 화승총과 탄알, 화승포를 주조했다. 제작한 포의 구경이 너무 벌어져 포탄의 사거리가 짧은 단점이 있었지만 그래도 가까운 거리에서 적을 타격할 수 있었다.

◉ 소규모 반일 의병대의 기습 공격 ◉

1910년에 들어서면서 일본은 조선 강점 책동을 노골적으로 감행하는 한편 그에 방해가 되는 모든 애국 역량, 특히 의병들을 미친 듯이 탄압했다. 급속하게 확대 발전되었던 반일 의병운동은 이 시기에 이르러 쇠퇴의 길을 걸었다. 그러나 적지 않은 반일 의병대들은 어려운 조건에서도 투쟁을 계속 해나갔다.

이 시기에는 일본 토벌대에 의해 많은 피해를 입었다. 의병장을 잃은 의병대들은 10~40명씩 모여 험준한 산악 지대를 넘나들면서 일본의 수비대와 헌병대를 기습했다.

반면 1909년까지 전투를 계속 벌였으나 비교적 손실이 적은 의병대들도 있었다. 이 의병대들이 투쟁을 강화하자 일본은 이들을 토벌하기 위해 집중했다. 이러한 조건에서 의병들은 민첩하게 일정한 지점을 기습하고는 자취를 감추고 다시 준비를 갖춰 기습하는 방법으로 일본에게 타격을 주었다. 예를 들면 채응언 의병대는 백년산(만년산)을 거점으로 황해도 곡산과 신계, 강원도 이천과 원산 등지에서 활동했다.

1910년 초 황해도에서 활동했던 평산 의병대도 깊은 산속에 거점을 정하고 활동했다. 의병대는 해주를 중요 공격 대상지로 삼았다. 1910년 2월 1일 의병 24명이 해주를 공격한 데 이어 2월 24일에는 의병 26명이 또다시 해주를 들이쳐 순사주재소까지 파괴해버렸다. 그들은 철길을 파괴하기도 하고 기차를 전복시키며 헌병 분견소를 습격하는 등 다양한 투쟁을 벌였다.

1910년 2월 3일 이진용과 한정만이 지휘한 90여 명의 의병은 계정역과 잠성역(현재 금천) 사이의 철길 위에 돌을 쌓고 철길을 파괴해 한양에서 신의주로 가던 기차를 탈선시켜 전복시켰다. 그리고 토벌대가 다가온다는 정보를 받고 고지에 올라가 온정수비대와 헌병들에게 맹렬한 사격을 가해 큰 손실을 주었다.

일본은 개성, 평산, 금천 지방의 군대를 긴급히 이동시켰으나 의병들이 산속으로 자취를 감추어 토벌은 또다시 수포로 돌아가고 말았다. 그들은 3월 9일에도 계정역 부근의 철길을 파괴하고 일본군이 몰려오자 배후에서 쳐부수었다. 그날 밤 10시 해주군 대덕면 취야장에서 일본 수비대와 경찰관 주재소를 기습하고 그 건물을 방화했다. 이 일대에 토벌 역량이 집중되자 의병들은 3월 중순 서흥과 봉산 지방으로 활동 거점을 옮겼다.

정치 투쟁과 애국문화운동으로
이어진 반일 의병운동

◉ 일본의 조선 강점 ◉

일본은 1909년경부터 조선을 완전한 식민지로 만들기 위한 준비를 서둘렀다. 일진회를 부추겨 합방을 청원하게 만드는 한편 열강들의 동의를 받기 위한 외교 활동을 강화했다. 1910년 5월 30일 데라우치를 조선 통감으로 임명하고 조선 각지에 배치된 일본군을 한양으로 집결시켰다. 일본군은 완전 무장 상태에서 각 성문, 왕궁, 통감부, 일본군 사령관, 정부 대신의 집들을 통제했다.

8월 15일 이후 한양 거리에는 30m 간격으로 일본 헌병대와 수비대가 줄지어 서 있었다. 8월 16일 오전 9시 데라우치는 이완용을 자기 집에 불러 합병 조약문과 함께 고종에 대한 대우 및 생활 보장, 친일파 인사들에 대한 명예와 생활 보장, 대한제국 관리 처리 문제에 대해 통보했다.

8월 18일 합병 조약이 친일 내각회의에 상정되었다. 학부대신 이용직 외에는 반대하는 사람이 없었다. 8월 22일 이완용은 어전 회의를 소집해 한일합방을 날조했다. 일본은 이를 극비에 붙었다가 일주일이 지난 8월 29일에야 비로소 공포했다.

☯ 싸우다 죽을지언정 굴종하지 않겠다 ☯

1910년 8월 29일 일본이 조선을 강점한 이후에도 반일 의병운동은 계속되었다. 일본은 조선에 대한 식민 지배의 안전한 보장을 위해 반일 의병대에 대한 토벌을 더욱 악랄하게 감행했다. 이때까지 살아남은 일부 의병대는 어려운 환경 속에서도 싸우다 죽을지언정 일본에 굴종하지 않겠다는 결의로 반일 의병운동을 계속 이어나갔다.

경상도 일월산 의병들은 일본의 토벌이 감행되는 상황에서도 1910년 가을부터 그해 말까지 소규모 의병대를 구성해 기동전을 펼쳤다. 8월 27일 풍산역에서 27명의 의병이, 9월 29일 안동에서 10명의 의병이, 11월 14일 영헤 지방에서 10명의 의병이 일본 토벌대와 전투를 벌였다.

채응언 의병대는 일본이 조선을 합병한 후에도 백년산을 거점으로 황해도 곡산, 수안, 평안도 성천, 양덕, 강원도 이천, 함경도 안변(현재 강원도) 등에서 투쟁을 계속했다. 의병들은 산줄기를 타고 수시로 자취를 옮겨가면서 일본의 수비대를 끊임없이 습격했으며 일본 침략자들을 처단했다. 의병대는 강원도 이천에서 활동하고 있던 다른 의병들과 연합해 1910년 9월 이천군 광북에 있던 일본 수비대를 불시에 습격했다. 이 습격 전투에서 의병들은 육박전을 벌여 많은 일본군을 살상하고 많은 무기를 노획했다.

1911년 초에는 안변군 석왕사에 있던 일본 수비대를 습격했으며 곡산으로 이동하면서 추격하는 토벌대를 타격했다. 4월과 5월 초에는 여러 차례 선암(신평군)병참을 습격해 많은 무기와 탄약, 군복 등을 노획했다. 1913년 6월 3일 또다시 선암역참에 습격하다가 채응언이 붙잡혀 무참히 희생되었다. 지휘관을 잃은 의병대는 투쟁을 계속하지 못하고 자취를 감추었다.

농민 출신 의병장 김정환의 평산 의병대는 평산을 중심으로 해주, 서흥, 금천, 재령을 이동하면서 일본의 헌병 기관들을 불시에 습격하거나 철도, 통신망 등을 파괴했다. 1910년 가을, 일본의 토벌 작전이 시작되자 장수산으로 들어갔다. 토벌대가 산을 겹겹이 포위하고 올라오기 시작하자 의병대는 토벌대에 타격을 가하고 포위망을 뚫고 나갔다. 1911년 9월 하순부터 11월 초순까지 일본은 황해도 일대에서 대대적 토벌을 감행했다. 평산 의병대는 이에 대처해 의병대를 소규모 집단으로 나누어 야밤에 불시에 일본의 통치 기관과 철도, 전신 등을 습격했다. 1914년 3월 장수산에서 토벌대와 치열한 전투를 벌였는데 토벌 역량이 계속 강화되는 속에서도 포위망을 뚫고 서흥 방향으로 이동했다. 일본은 평양에 있는 수비대 병력까지 끌어오면서 대규모 토벌 작전을 감행했다.

토벌대의 포위망을 뚫을 수 없다는 것을 파악한 의병장 김정환은 굴속에 보관했던 무기와 탄약을 모조리 꺼내 대원들에게 나눠주면서 최후 결전을 호소했다. 의병대원들은 비장한 각오로 최후의 한 사람까지 용감하게 싸웠다.

이 전투를 계기로 한일합병 후 국내에서의 반일 의병운동은 막을 내렸지만 조선 민중의 반일 투쟁은 다양한 형태로 계속되었고 후일 만주의 독립군 운동으로 이어졌다. 홍범도 의병대도 함경도 일대의 일본군과 싸우다가 1913년 7월 국경을 넘어 만주와 연해주를 넘나들면서 새로운 투쟁 준비를 이어나갔다.

☺ 반일 의병운동 종말의 원인 ☺

반일 의병운동이 중단된 원인은 여러 가지가 있겠지만 무엇보다도 일본의 가혹한 탄압이 첫 번째 이유이다. 다른 지역도 마찬가지이지만 전라노에서는 1908년 8월 하순 일본의 남부 수비관구 사령관 와다나베가 의병대가 활동하는 지역에 토벌대를 보내면서 제6사단 공병소대, 헌병 경찰관을 더 투입시켰다. 일본은 9월 1일부터 20여 일에 걸쳐 제1기 토벌 구역에 대한 토벌을 끝냈다.

그러나 의병들이 토벌대의 포위망을 뚫고 활동을 계속하자 수색을 다시 감행했다. 토벌대는 마을을 몇 겹으로 둘러싸고 동장을 불러내어 미리 만들게 한 남자 명단과 등본으로 한 사람씩 불러내어 취조했다. 밤낮없이 수색하면서 그때마다 의심스럽다고 생각되는 사람을 모두 체포 구금했다.

일본은 토벌을 빙자한 수색을 도처에서 벌였다. 한 지역을 토벌 구역으로 정하면 한두 달은 기본이었다. 황해도 평산에서는 다섯 달 동안이나 집중 토벌 기간으로 정하고 사람들을 학살했다. 일본이 발표한 자료를 보면(대폭 줄인 수치이지만) 1907년 7월부터 12월까지 3,627명, 1908년 1만 1,562명, 1909년 2,374명, 1910년 125명을 학살했다고 나온다. 즉 1907년에는 하루에 15명가량을, 1908년에는 하루에 38명가량을 학살한 것이다.

일본은 또한 폭도 전멸을 구실로 민중에게 야수적인 만행을 거리낌 없이 자행했다. 의병들은 물론 의병운동에 참가할 수 있겠다고 의심되는 사람들, 의병을 도와준 사람들, 의병 참가 혐의자들의 가족과 마을 사람들을 남녀노소 할 것 없이 마구 끌어내어 총살, 교살, 타살, 생매장, 사지 찢기, 가슴 도려내기, 눈 도려내기 등의 방법으로 학살했으며 경고라는 구실 아래 시체를 거리에 매달아놓기도 했다. 이렇게 온 국토는 일본의 야수적 학살이 감행되는 무시무시한 사형장이자 소름 끼치는 시체 전시장, 피바다로 변했다.

또 일본은 '폭도의 거점을 없앤다'는 구실로 마을을 닥치는 대로 불을 질렀다. 기록에 나온 것만 보더라도 1907년 8월부터 12월까지 충북 1,000여 호, 경기도 800여 호, 풍덕군 450여 호, 강원도 홍천군 350여 호의 집이 전소되었다. 이것을 목격한 영국 기자 맥켄지는 "이렇게 무참하게 파괴된 것은 본 일이 없다. 충청도의 제천은 지도 위에서 사라졌다."라고 했다.

조선의 많은 도시와 마을은 잿더미로 변해 형체도 찾아볼 수 없게 되었다. 일본의 방화로 수많은 사람이 하루아침에 집을 잃고 사방으로 흩어졌다. 그들은 여행권 없이 왕래하는 사람들을 검속했으며 포수들의 엽총까지 압수했다. 그뿐 아니라 '폭도들의 살길을 끊는다'는 구실로 의병들이 활동한 시역에서 양곡을 비롯한 주민들의 재물을 닥치는 대로 약탈했으며 부녀자들을 능욕하는 행위도 서슴없이 강행했다. 이처럼 일본의 전면적인 조선인 학살과 탄압은 들끓는 분노와 애국적 열정만 갖고 나선 의병대의 활동을 위축시킨 가장 커다란 원인이었다.

그러면 이런 강도 높은 탄압은 무조건 애국 활동을 멈추게 했을까? 적들의 탄압이 아무리 강해도 모든 애국운동이 종말을 고하는 것은 아니다. 자주적 역량이 강하면 일본의 탄압이 강해져도 승리할 수 있다. 그러나 반일 의병운동은 일본의 악랄한 탄압을 이겨낼 수 있을 정도로 역량이 준비되어있지 않았다.

19세기 말 반일 의병운동에서 나타났던 계급적 제한성과 미숙한 군사 지휘 능력은 20세기 초 평민 출신 의병장이 등장을 야기했지만 여전히 오랜 시간에 거쳐 계속 나타났다. 즉 이 시기의 의병운동에는 의병대 조직과 활동이 분산되고 통일되지 못하는 등 19세기 반일 의병운동서에 존재했던 약점들이 여전히 극복되지 못한 채 그대로 되풀이되었다.

1907년 8월 이후 생겨난 많은 의병대는 각지에 있던 애국자의 우국지심에 의해 자연스럽게 발생한 것이었지 걸출한 지도자의 통일적인 지휘 밑에 조직된 것은 아니었다. 반일 의병대가 조직되지 않은 곳도 있었고 여러 개의 의병대가 조직된 곳도 있었다. 전라도에는 임실, 진안, 순창, 장성, 태인 등에서 활동하는 여러 개의 의병대가 있었다. 이들은 자연스럽게 조직되었고 분산되어 활동했다. 이처럼 각 지역에서 생겨난 반일 의병대를 하나로 단합시키지 못했을 뿐 아니라 애국을 지향하는 수많은 민중들조차 조직적으로 동원할 수 없었다.

의병대의 분산된 활동은 전술을 통일적 적용하는 데 방해가 되었다. 1907년 8월 이후 각 지역 의병들이 쓴 전술은 19세기 반일 의병운동 때보다 발전했기 때문에 통일되고 조직적인 의병대가 활동했다면 일본군에게 더 큰 타격을 줄 수 있었다. 의병들은 다른 의병대에서 정찰, 위장 등 효과적인 전술 경험을 받아들여야 했으나 통일된 지도가 없어 일반화하지 못했다. 그 결과 대부분의 의병대에서는 일정한 전술도 없이 투쟁을 벌이다가 실패한 경우가 많았다.

☯ 반일 의병운동의 역사적 의미 ☯

10년 이상 계속된 반일 의병운동은 비록 실패했으나 그 의의만은 대단하다.

첫째, 반일 의병운동은 우리 민족의 열렬한 애국정신을 국내외에 보여주었다. 조선을 강점하려고 날뛰던 일본은 수많은 군대와 헌병, 경찰 등이 총칼로 위협하기만 하면 손쉽게 조선 민중들의 애국정신을 말살하고 영원한 식민지 노예로 만들 수 있으리라고 생각했다. 그러나 반일 의병운동은 일본의 이러한 계획이 완전히 무산시켰다.

10여 년간 계속된 반일 의병운동 과정은 우리 민족이야말로 일본의 그 어떤 폭압과 만행에도 굴하지 않고 싸우는 용감한 민중이라는 것, 또 원수의 탄압이 심하면 심할수록 더 용맹하게 싸우는 애국적 투지와 열정을 가진 민족이라는 것을 세계만방에 보여주었다. 반일 의병운동이 치열하게 벌어진 전국 각지의 도시와 마을은 뜨거운 애국적 열정을 지니고 구국 항쟁을 위해 싸우던 반일 의병들과 그를 지지하고 도와주던 민중의 붉은 피로 물들었다. 일본의 어떤 위협 공갈과 야수적인 만행도 구국의 일념으로 투쟁에 나선 우리 민족의 애국정신과 정열을 꺾을 수도 말살할 수도 없었다.

전국에서 반일 의병운동이 벌어지지 않은 곳이 거의 없었다. 1908년 한 해만 해도 의병 7만 명이 죽음을 각오하고 1,400여 회의 격전을 벌였다. 일본의 야만적인 토벌 작전이 감행되는 환경에서도 의병운동을 끊임없이 이어갔다는 것은 조선 민중이 개인의 목숨보다도 나라와 민족이 더 귀중하다고 여기며 나라와 민족의 자주권을 지키기 위해서는 어떤 희생도 두려워하지 않고 싸우는 민족적 자존감이 강한 사람들이라는 것을 말해준다.

둘째, 일본의 식민지 강점 정책에 커다란 타격을 주었다. 구체적으로 어떤 타격을 입었을까? 반일 의병대의 투쟁에 의해 일본의 수비대와 헌병대, 경찰대 등이 큰 손실을 보았다.

"훈련받은 근대적 군대인 일본군이 왜 정규 군대도 아닌 의병과 싸워서 고립되었는가? 그것은 의병이 조선 민중 속에서 나온 민병이기 때문이다."

일본의 한 역사가의 고백을 보면 일본의 수치심이 어떤지 알 수 있다. 일본은 미국 페리 제독이 쏘는 공포탄 몇 방에 무너진 민족이다. 그에 비해 비록 무능하고 매판적인 정부를 개조시키지는 못했지만 낡은 화승총과 몽둥이를 들고서도 일본군에게 한발도 물러서지 않은 조선 민족의 기세에 일본은 수치심과 정신적인 공포를 느꼈을 것이다.

의병운동은 조선의 정치적 침략에도 타격을 주었다. 의병들은 차관 정치 이후 반일 투쟁을 더욱 강화해 지방에서 일본의 차관 정치를 집행하던 군청을 파괴 소각하면서 군수들을 처단했다. 그 결과 지방에서 차관 정치를 실행할 수 없었다. 당시의 〈황성신문〉은 '중앙 정부의 명령이 지척에도 통하지 않는다'고 보도했다. 의병운동으로 일본이 조선 강점 야망을 달성하기 위해 실시하려 했던 차관 정치는 사실상 마비 상태에 빠져버렸다.

의병들에게 큰 타격을 받은 일본은 조선을 서둘러 완전한 식민지로 만들려는 야망을 갖고 있으면서도 그것을 노골적으로 제기할 수 없었다. 그리하여 일본은 의병운동이 한풀 꺾인 1909년 7월에 이르러서야 비로소 조선 강점 문제를 일정에 올릴 수 있었다. 그러나 조선 민족의 결사적인 반일 항쟁에 심각한 타격을 받은 일본은 조선 합병에 대한 결정을 채택하면서도 '이 결정의 실현은 조선 민중의 반항 정도를 타산하여야 할 것이다'라고 주저할 수밖에 없었다.

반일 의병에게서 큰 타격을 받고 겁에 떨던 일본은 조선 강점이라는 야망을 실현하기 위한 책동도 극비로 진행했다. 비록 반일 의병운동이 나라의 독립을 수호하지 못했으나 일본의 조선 강점에 준 타격은 대단히 큰 것이었다.

셋째, 전체적인 반일운동의 발전에 커다란 자극과 영향을 주었으며 민중을 반일 투쟁에 적극적으로 진출시키는 데 커다란 기여를 했다. 의병운동은 각계각층의 사람들을 국권 회복을 위한 애국 투쟁에 힘차게 나서도록 고무했으며, 특히 당시 벌어지고 있던 애국문화운동 발전에 큰 영향을 주었다. 그 결과 애국적 지식인들로 하여금 정치 투쟁과 애국문화운동을 강력하게 벌여나가도록 만들었다.

1907년 11월 장지연을 비롯한 애국적 지식인들은 일본의 탄압에도 불구하고 전국적 성격을 띤 정치 조직인 대한협회를 조직해 활발한 활동을 전개했다. 대한협회는 합법적인 정치 단체로 종래의 대한자강회를 직접 계승한 단체였다. 이 단체는 의병들과 같이 일본의 조선 침략을 저지시키고 국권을 회복하며 친일 주구 단체 일진회를 없애는 것을 중요한 목적으로 내세웠다.

대한협회는 의병들의 적극적인 투쟁에 고무되어 조직을 급속히 확대했으며 1908년 7월에는 30여 개의 지회와 1만여 명의 회원이 있었으며, 1909년 2월에는 지회 수가 전국 각지에 60여 개로 늘어났으며 회원 수도 수만 명에 다다르게 되었다. 그뿐 아니라 대한협회는 1907년 이후 대한자강회 성원들이 주도한 애국문화운동의 발전에도 기여했다. 이처럼 농민을 중심으로 강력하게 벌어지던 반일 의병운동은 애국적 지식인들이 중심이 되어 벌인 민족주의 운동 발전에 큰 영향을 끼쳤다.

새로운 시선으로 바라보는
한국 근대사

초판 1쇄 발행 2022년 7월 30일

지은이 김이경

기획편집 도은주, 류정화
SNS 홍보·마케팅 초록도비

펴낸이 윤주용
펴낸곳 초록비책공방

출판등록 2013년 4월 25일 제2013-000130
주소 서울시 마포구 월드컵북로 402 KGIT 센터 921A호
전화 0505-566-5522 팩스 02-6008-1777

메일 greenrainbooks@naver.com
인스타 @greenrainbooks
블로그 http://blog.naver.com/greenrainbooks
페이스북 http://www.facebook.com/greenrainbook

ISBN 979-11-91266-45-0(03910)

어려운 것은 쉽게 쉬운 것은 깊게 깊은 것은 유쾌하게

초록비책공방은 여러분의 소중한 의견을 기다리고 있습니다.
원고 투고, 오탈자 제보, 제휴 제안은 greenrainbooks@naver.com으로 보내주세요.